dtv

Jenna Behrends

RABENVATER STAAT

Warum unsere Familienpolitik
einen Neustart braucht

Ausführliche Informationen über
unsere Autoren und Bücher
www.dtv.de

Dieses Buch ist auch als eBook erhältlich.

dtv Verlagsgesellschaft mbH & Co. KG, München
© 2019 Jenna Behrends
Satz: Fotosatz Amann, Memmingen
Gesetzt aus der Minion Pro
Druck und Bindung: CPI books GmbH, Leck
Gedruckt auf säurefreiem, chlorfrei gebleichtem Papier
Printed in Germany · ISBN 978-3-423-28159-1

INHALT

Vorbemerkung 7

Der Staat lässt seine Familien im Stich:
Was wir für den Neustart brauchen 15

Politik, die Eltern etwas zutraut 27

Politik, die so einfach ist wie ein Kinderpuzzle 37

Politik, die gerecht ist 49

Politik, der Kinder mehr bedeuten als Schweine 71

Politik, die zum echten Leben passt 93

Politik, die ihre Hausaufgaben macht 115

Politik, die Familien nicht reinredet 131

Politik, die mit Steuern steuert 147

Politik, die ihre (Betreuungs-)Versprechen hält 161

Auf in die Trotzphase 177

Danksagung 184

Anmerkungen 186

VORBEMERKUNG

Familienpolitik war mir lange egal. Total egal. Alle Kämpfe schienen ausgefochten. Alles schien erreicht. Das Wort Vereinbarkeit war in aller Munde. Elterngeld, Kindergeld und Kinderfreibetrag klangen nicht nach einem knausrigen Staat. Dann bin ich mit 23 Jahren Mutter geworden. Auch mit Tochter habe ich mein Leben zunächst weitergelebt wie zuvor. Warum sollte ich plötzlich in Eltern-Kind-Cafés gehen und mich über den Windelinhalt der Babys austauschen, anstatt weiter über Netzneutralität und die Bankenkrise zu diskutieren? Doch dann nahte langsam auch für die anderen aus der Krabbelgruppe das Ende der Elternzeit, und ich begriff, wie politisch diese Windelträger vor uns auf der Krabbeldecke sind, wie politisch Familie ist.

Ich musste trotz Jurastudium, paralleler Journalistenausbildung und Nebenjob keine klassische 40-Stunden-Woche mit meiner Tochter vereinbaren. Aber auch ich musste balancieren. Genauso wie die anderen Eltern. Niemand schien mit dem eigenen Konzept wirklich zufrieden. Egal, für welches Verhältnis von Arbeits- und Familienzeit sie sich entschieden hatten. Nur wenige konnten sich ein zweites oder gar drittes Kind überhaupt noch vorstellen. Überrascht hat mich vor allem eins: Viele haben das Gefühl, es sei ihr individuelles »Problem«. Sie sehen den Staat überhaupt nicht in der Verantwortung und suchen die Gründe für den Stress

7

und die Überanstrengung bei sich selbst. Wir reden uns gerne ein, dass wir unser Leben komplett selbst gestalten können. Das bedeutet im Umkehrschluss: Wir haben versagt und uns nicht genug angestrengt, um unseren Kindern, unserem Arbeitgeber, unseren Beziehungen und auch noch uns selbst gerecht zu werden. Ein wenig mehr Organisation, noch eine halbe Stunde früher aufstehen, und dann muss es doch klappen, morgens in Ruhe einen Kaffee zu trinken, bevor wir mit den Kindern diskutieren, weshalb Sandalen im Winter keine gute Idee sind?

Doch wenn wir genauer hinsehen, dann ist unser Leben viel stärker mit dem Staat verbunden, als wir es im Alltag zwischen Wäschebergen wahrnehmen. Und zwar von der Geburt bis zum Tod: Schon das Alter, mit dem wir eingeschult werden, ist gesetzlich geregelt. Genauso wie die Länge unserer Ausbildung und ein Teil unserer Alterssicherung. Die vorgegebene Reihenfolge lautet: erst Ausbildung, dann Beruf und schließlich Rente. Irgendwo in der Mitte sollen wir außerdem die Familiengründung unterbringen. Aber bitte zum richtigen Zeitpunkt. Nicht zu früh und nicht zu spät. Das müsste dank Pille und anderer Verhütungsmethoden doch schließlich möglich sein. Dabei sagt uns aber niemand, dass es den idealen Zeitpunkt sowieso nicht gibt. Kinder passen nicht zur Arbeitswelt. Nie. Wer ihretwegen pausiert und die Arbeitszeit reduziert, muss fast immer große Einschränkungen hinnehmen oder wird vom Alltag zerrieben. Es ist schlicht nicht möglich, ein Kind schneller zu trösten oder ›Ronja Räubertochter‹ schneller vorzulesen. Doch statt gemeinsam nach Lösungen zu suchen und die Herausforderungen als gesellschaftliche zu erkennen, schieben wir die Verantwortung gern auf die Eltern.

Natürlich kann und soll Politik eine solch individuelle Entscheidung wie die Frage, wann ich mit wem Kinder haben möchte, nicht beeinflussen. Wir sind uns alle einig, dass der Staat in unseren Schlafzimmern nichts zu suchen hat. Aber die Politik kann und muss die gesellschaftlichen Rahmenbedingungen so gestalten, dass sich Männer und Frauen für ein Leben mit Kindern entscheiden können. Hier ist die Grenze zwischen »privat« und »politisch« fließend: Schließlich geht es nicht darum, den Eltern Zeit für den nächsten Italien-Urlaub zu erschließen, sondern Zeit für Verantwortung zu schaffen. Zeit, in der sie sich um andere kümmern. Aber das kann nur gelingen, wenn die Politik sich nicht weiter an dem zunehmend realitätsfernen Ausbildung-Arbeit-Rente-Lebenslauf orientiert.

Keine Partei hat etwas gegen Familien. Im Gegenteil. Alle können sich darauf verständigen, dass sie Familien unterstützen wollen. Nur wenn es konkreter wird, beginnen die Probleme. Familienpolitik ist teuer und ideologiebelastet. Das Politikfeld ist regelrecht vermintes Gelände. Selbst Debatten über den Verteidigungsetat erscheinen bisweilen harmloser. Die einen haben nur die »Heile-Welt-Familie« im Blick und würden wahrscheinlich am liebsten wieder Mutterkreuze einführen. Die anderen sehen in Familien einen Ort der Unterdrückung, in dem Frauen an ihrer Entwicklung gehindert werden. Familienpolitik betrifft wie kaum ein anderer Politikbereich unser Privatleben, den innersten Kern unseres Zusammenlebens. Den Einfluss unterschiedlicher Weltbilder auf Familienpolitik können wir gar nicht überschätzen. Der Staatsrechtler Peter Häberle fasste das zusammen mit: »Ja, man wird sagen können, dass sich das Staatsverständnis im jeweiligen Familienverständnis und umgekehrt spiegelt.«[1] Eine für Familien ungünstige Position. Insbesondere, wenn noch Schlagworte wie »Ehe« und »Werte« mit in den Topf geworfen werden. Als wäre das nicht schon kompliziert genug, kommt außerdem noch hinzu, dass die Interessen von Familien, Kindern und vor allem Frauen nicht immer identisch sind.

Doch wenn wir die aufgeregt krähenden Polit-Streithähne kurz ausblenden, wird schnell klar, dass uns Familien auch abseits jeder Ideologie wichtig sein sollten. Nein, nicht weil zu wenig Kinder geboren werden. Die Familie als privater Raum darf niemals von staatlichen Interessen dominiert werden. Der demografische Wandel verleiht der Familienpolitik lediglich besondere Aktualität. Sondern weil unser Staat trotz seiner Milliardeninvestitionen nahezu parasitär von den Anstrengungen profitiert, die Familien in Bremen, Chemnitz und Hintertupfingen täglich unternehmen. »Meine Kinder sind mein Hobby. Ich spiele eben nicht Golf oder gehe segeln.« Diese Sätze sagte die Chefin der Berliner Verkehrsbetriebe, Sigrid Evelyn Nikutta, der ›Süddeutschen Zeitung‹. Doch das stimmt nicht. Familie ist kein »Hobby«. Familien sind die wichtigsten Leistungsträger unseres Landes.

Es wird Zeit, dass wir Eltern auf die Schulter klopfen für all das, was sie ihren Kindern an Werten, Fähigkeiten und Wissen mit auf den Weg geben. In Familien haben Gefühle noch einen Raum. In einem sicheren, geschützten Umfeld lernen wir, mit Trauer und Schmerz umzugehen, Schwäche zu zeigen und Empathie zu entwickeln. In einer Gesellschaft kommt es nicht nur auf Wissen an, sondern auch auf unsere Werte. Ohne Familien, ohne Kinder, könnte unser Staat nicht weiterexistieren. Es gäbe keine nächste Generation, keinen Nachwuchs in Wissenschaft, Wirtschaft und Kultur, und das nicht nur rein biologisch gesehen. Eltern erziehen ihre Kinder, sie leben ihnen vor, wie sie Teil dieser, unserer Gesellschaft werden. Insofern ist dem Rechtsgelehrten Friedrich Carl von Savigny, dem Begründer des modernen Privatrechts, zuzustimmen, der sagte: »In den Familien sind die Keime des Staates enthalten, und der ausgebildete Staat hat die Familien und nicht die Individuen unmittelbar zu seinen Bestandteilen.«[2] Der Staat könnte gar nicht genug Personal beschäftigen, um auszugleichen, was Familien leisten. Familien sind für ihre Kinder da, sie pflegen Kranke und Alte. Ohne sie bräche unser Sozial- und Gesundheitssystem zusammen. Eine Gesellschaft kann ohne Solidarität gar nicht existieren. Diese Solidarität wird in Familien gelebt.

Kurz vor Wahlen fällt das dann auch regelmäßig Politikern auf. Plötzlich entdecken Vertreter aller Parteien die Familie für sich und überbieten sich mit Vorschlägen, wie Familien unterstützt werden können. Nachvollziehbar, denn Familien finden sich in jeder Wählergruppe, und die Forderung, Familien wahlweise stärker zu »entlasten«, zu »fördern«, »anzuerkennen« oder »wertzuschätzen«, klingt gut und ist eingängig. Außerdem versprechen Kinder süße Wahlkampffotos, die an die Hochglanzkataloge eines Möbelhauses erinnern: Da trägt dann der Spitzenkandidat seinen Sohn auf den Schultern (wow, wie volksnah), und die obligatorische Omi ist auch immer auf irgendeinem Wesselmann (so heißen die riesigen Plakate an den Straßen). Ähnlich bunt wie die Plakate sind die Wahlprogramme der Parteien. Von kostenloser Kinderbetreuung, über ein »Baby-Begrüßungsgeld« für Anschaffungen wie den Kinderwagen bis zum »Baukindergeld« wurde im vergangenen Bundestagswahlkampf alles versprochen. Während ich für dieses Buch recherchierte, schickte mir eine Freundin einen Screenshot der aktuellen ›Tagesschau‹. »Seehofer setzt auf Familienpolitik« stand dort. »Damit wären dann alle im Club«, scherzten wir.

Es ist eine gute Nachricht, dass sich Parteien auf das Thema Familie stürzen. Wir brauchen dringend einen Streit um die besten Ideen. Doch was würde die Situation für Familien wirklich verbessern und hätte nicht nur den Symbolwert einer Muttertagspraline? Sind es all diese Einzelmaßnahmen, die Familien brauchen? Oder müssen wir Familienpolitik komplett neu denken?

Auf der Suche nach einer Antwort bin ich durch Deutschland gereist und habe mit Familien gesprochen. Auf dem Spielplatz, in fremden Küchen und in der Straßenbahn. In der niedersächsischen Provinz, in Köln und in Görlitz. Immer mit dem Gedanken: Müsste sich eine Politik, der es wirklich um Familien als Keimzelle unserer Gesellschaft geht, nicht viel mehr der Realität stellen? Denn darum sollte es doch gehen: um das gelebte Leben. Um die Hausfrau genauso wie die Patchworkfamilie, Alleinerziehende und das gleichgeschlechtliche Elternpaar. Um Wünsche, Nöte und Entscheidungen junger Menschen ganz unabhängig von sozialen, wirtschaftlichen und biografischen Unterschieden. Ohne dabei eine einzelne Lebensführung als besser oder schlechter zu werten.

Allen Familien habe ich dieselbe Frage gestellt: »Wenn Sie sich von der Politik etwas wünschen dürften, was müsste sich dann für Familien ändern?« Schnell wurde mir klar, dass es unmöglich ist, nur über ein politisches Thema zu sprechen. In der Politik vermengt sich alles mit allem. Ich bin den Familien sehr dankbar, dass sie so offen mit mir waren. Eine Mutter sagte nach unserem Gespräch: »Jetzt wissen Sie mehr von mir als viele meiner Freunde.« Wahrscheinlich stimmt das sogar, denn wie oft sprechen wir schon darüber, wie sehr das Leben, das wir leben, und das Leben, das wir leben wollen, voneinander abweichen. Politik ist nichts, was am Schreibtisch eines Ministerialbeamten entstehen sollte. Deshalb habe ich mich über jede Meinung gefreut, die ungefiltert mit mir geteilt wurde, mag sie auch als »politisch unkorrekt« gelten. Häufig ging es um Geld und den Staat an sich. Viele Bürger scheinen sich sicher, dass der Staat ein bürokratisches Monstrum ist, in dessen Rachen ihre Steuergelder verschwinden. Sie haben das Gefühl, dass immer Geld da ist, wenn es sein muss. Dann wird wieder ein Automobilhersteller oder eine Bank gerettet. Aber wenn schon der Betrag für das Schulmittagessen noch viel erscheint und das Schulklo kaputt ist, dann ist das Verständnis dafür gering.

Dieses Buch soll keine Wissenschaft ersetzen. Wirkungsanalysen und Evaluierungen sind wichtig. Zu Recht gibt es zu jedem Thema einschlägige Fachliteratur. Auch ich habe mich damit befasst und habe mir Statistiken und Forschungsergebnisse angesehen. Aber es reicht nicht, alles über etwas zu wissen, wenn wir dann nicht handeln. Wir lesen Unmengen an Ratgebern. Gerade stand ich wieder in einer großen Berliner Buchhandlung. Meterweise reihen sich dort Erziehungsratgeber mit Tipps, wie wir privat die Vereinbarkeit besser hinbekommen. Dieses Buch soll aber gerade keine Antworten auf die Fragen geben, die sich Eltern andauernd stellen, z. B. ob sie ihre Kinder richtig fördern. Dieses Buch nimmt eine andere Perspektive ein. Es verlangt den Lesern ab, nicht nur auf den eigenen Nachwuchs zu schauen, wenn sie denn welchen haben, sondern auf das große Ganze.

Die aktuelle Familienpolitik wirkt auf mich als Mutter, als sei sie von Menschen ohne Kinder beschlossen worden. Dabei geht es doch um das Leben junger Eltern und nicht um die Ideologien der älteren Generation. Hören wir also damit auf, über die ätzende Jobsituation zu jammern, sondern setzen wir uns für eine Familienpolitik ein, die zu unseren Leben passt. Wir brauchen endlich eine Politik, die Eltern etwas zutraut. Einen Staat, der Familien die Freiheit gibt, ihr Leben so zu leben, wie sie es wollen, und nicht, wie ein Steuermodell es vorgibt. Es ist kein Geheimnis, dass auch ich zu den Frauen gehöre, die alles wollen. Aber nicht zu dem Preis, meiner Tochter nicht selbst die Läuse aus dem Haar zu kämmen. Es mag trivial klingen, aber letztlich ist es doch so: Take it, leave it or change it. Familien sind mächtig. Noch haben sie diese Macht nicht wirklich eingesetzt. Warum wir aber dringend rebellieren sollten, dürfte spätestens mit den nächsten Kapiteln klar werden. Und sollte Sie jemand beim Lesen auf dem Spielplatz als Rabenmutter oder Rabenvater beschimpfen, weil Sie Ihrem Kind nicht applaudieren, während es gerade zum siebzehnten Mal den Kletterturm bezwingt, verschenken Sie das Buch doch einfach weiter.

DER STAAT LÄSST SEINE FAMILIEN IM STICH: WAS WIR FÜR DEN NEUSTART BRAUCHEN

Geld, Geld, immer nur Geld. Kreativere Ideen scheint die deutsche Familienpolitik jahrzehntelang nicht gehabt zu haben. Dabei war es ganz egal, wer gerade regierte: Sowohl Christ- als auch Sozialdemokraten haben Eltern vor allem finanziell unter die Arme gegriffen. Sehr viel Geld wurde so ausgegeben. Familien sind eine große Wählergruppe. Wer ihnen Zuwendungen verspricht, erhöht seine Chancen auf (Wieder-)wahl. Und das leichteste und eingängigste aller Wahlversprechen lautet nun einmal: mehr (Kinder-)Geld.

Darüber müssen wir uns gar nicht aufregen, denn das ist in unserer Staatsform, der Demokratie, nun einmal so angelegt. Wenn wir uns die niedrige Geburtenrate von 1,59 Kindern pro Frau ansehen, dann war die Sozialstaatslogik »immer mehr Geld« allerdings nicht gerade erfolgreich. 150 Euro hier, ein Partnerbonus dort: Ein Anreiz, um eine Familie zu gründen, ist das offensichtlich nicht.

Auch aktuell können wir dem Staat nicht vorwerfen, knauserig zu sein. Im Gegenteil: In den Ausbau der Kinderbetreuung wird viel Geld investiert, und auch das Elterngeld Plus ist nicht umsonst. Wenn wir uns den Bundeshaushalt für das Jahr 2018 ansehen, floss jeder zweite Euro in den Sozialbereich, insgesamt mehr als 170 Milliarden Euro.

Am meisten profitierten davon Rentner: Über 94 Milliarden Euro kostete allein der Zuschuss (!) des Bundes zur Rentenversicherung. Und was bekommen Familien? Sehr lange wusste der Staat überhaupt nicht, wie viel Geld er genau für Familien ausgibt. Freibetrag für Alleinerziehende, Waisengeld und Familienbonus bei der Riester-Rente summieren sich zwar, aber selbst das Familienministerium hatte lange keinen Überblick, welche Subventionen und Leistungen für Familien existieren und wer davon profitiert. Bei der Vielzahl an Geldleistungen, Realtransfers und Erleichterungen im Steuer- und Sozialversicherungssystem blickten selbst Experten nicht mehr durch.

Deshalb gab die damalige Familienministerin Ursula von der Leyen 2008, zusammen mit dem Finanzministerium, eine Evaluation aller familienpolitischen Leistungen in Auftrag. 70 Wissenschaftler, begleitet durch ein Referat des Ministeriums, definierten in einem ersten Schritt vier Ziele, nach denen sich die deutsche Familienpolitik ausrichten sollte: die wirtschaftliche Stabilität von Familien, die Vereinbarkeit von Familie und Beruf, die Förderung von Kindern und die Steigerung der Geburtenrate. Anschließend schauten sie sich alle familienpolitischen Leistungen und ihre Wirkung genau an. Dabei arbeiteten sie mit den Daten des Sozio-oekonomischen Panels (SOEP), für das mehr als 12 000 Haushalte jährlich befragt werden. So konnten sie aufzeigen, wie umfangreich Familien in Deutschland gefördert werden und welche Auswirkungen sich daraus für den Staatshaushalt, die Sozialversicherungen und den Arbeitsmarkt ergeben. Zum ersten Mal wurde die Kosten-Nutzen-Frage gestellt: Wem nutzen der Kinderfreibetrag und das Elterngeld? Wer profitiert vom Ausbau der Kinderbetreuung? Nach vier Jahren war der rund 400 Seiten starke Bericht dann fertig. Allein auf der Ebene des Bundes und der Sozialversicherungen wurden mehr als 150 ehe- und familienbezogene Einzelleistungen identifiziert – mit einem Gesamtvolumen von rund 200 Milliarden Euro jährlich.[1] Seitdem dürften die Ausgaben des Staates für Familien noch weiter gewachsen sein: Allein den Ausbau der Kinderbetreuung hat sich der Bund einiges kosten lassen. Aber auch weitere Erhöhungen des Kindergeldes, die Ausweitung des Unterhaltsvorschusses und die Erhöhung des steuerlichen Entlastungsbetrags für Alleinerziehende dürften den Gesamtbetrag weiter erhöht haben.

Mehr als 150 familienpolitische Leistungen, die den Staat jährlich mehr als 200 Milliarden Euro kosten: Das klingt erst einmal nach einer riesigen Summe. »Was wollt ihr denn noch?«, könnten wir Familien angesichts dieser Zahl mit elf Nullen an den Kopf werfen. Doch wenn wir uns ansehen, was sich dahinter verbirgt, schrumpft der riesige Geldtopf schnell auf die Größe eines Spielzeugeimers zusammen. Die Experten haben nämlich wirklich alles, was irgendwie nach »Kind« oder »Familie« klingt, in den Topf geworfen. Am deutlichsten wird das bei den »ehebezogenen Leistungen«. Selbst wenn wir ausblenden, dass es ziemlich unsinnig ist, von »Familien«förderung zu sprechen, wenn sogar Ehen einbezogen werden, in denen keine Kinder aufwachsen, ist das noch immer reine Augenwischerei. Was haben denn junge Familien von den 38 Milliarden Euro, die in die Witwen- und Witwerrente fließen? Und was hat die beitragsfreie Mitversicherung von Ehepartnern, die nicht erwerbstätig sind und keine Kinder erziehen, mit Familienförderung zu tun? Dasselbe gilt für das »Ehegattensplitting«, das uns 20 Milliarden Euro jährlich kostet: Ob in den Ehen, die vom Steuervorteil profitieren, Kinder leben, spielt keine Rolle. Es ist zum Windelwerfen. Selbst die »familienbezogenen Leistungen« sind zum Teil gar keine »Leistungen« für Familien. Von den 123 Milliarden Euro gehören nämlich rund 52 Milliarden Euro zum Familienleistungsausgleich – und der ist keine Nettigkeit unseres Sozialstaats, kein Geldgeschenk, sondern verfassungsrechtlich geboten. Ein Teil des Kindergeldes dient zum Beispiel dazu, das Existenzminimum steuerfrei zu stellen. Das ist nicht nett. Das ist selbstverständlich. Und so erklärt sich auch, dass der Staat alle Familien nur auf den ersten Blick gleichermaßen unterstützt. In Wirklichkeit profitieren von Elterngeld, Ehegattensplitting und Kindergeld nicht alle Familien. Vor allem Alleinerziehende scheint die Politik häufig zu übersehen.

Wenn wir uns jetzt noch ansehen, wo das Geld für Familien eigentlich herkommt, dann schrumpfen die 200 Milliarden, mit denen der Staat angeblich so großzügig Familien unterstützt, noch weiter zusammen. Denn einen Großteil der Leistungen, die sie erhalten, finanzieren Familien selbst. 40 Prozent des Geldes kommt aus den Sozialbeiträgen. 30 Prozent werden über Verbrauchssteuern finanziert.[2] Mit jeder Packung Windeln, mit jedem Breiglas, mit jedem Kinderspielzeug, das Familien kaufen, fließt Geld an den Staat, das über Umwege wieder bei den Familien landet. Er nimmt Familien etwas weg, um es dann generös wieder an sie zu verteilen.

Stehen wir denn zumindest im internationalen Vergleich gut da? Hierfür dürfte vor allem eine Zahl entscheidend sein: der Anteil der staatlichen Ausgaben für Familien an der Wirtschaftsleistung unseres Landes, das Bruttoinlandsprodukt (BIP). Der Industrieländerclub OECD (Organisation für wirtschaftliche Zusammenarbeit und Entwicklung) vergleicht regelmäßig den Anteil am BIP, der Familien zugutekommt. Berücksichtigt werden natürlich die direkten finanziellen Leistungen, aber es werden auch die Ausgaben für die Infrastruktur, wie Krippen und Kindergärten, mitgezählt. Logisch, denn ohne Unterstützung bei der Betreuung könnten Familien nicht arbeiten und ihre Existenz sichern. Außerdem fließen die steuerlichen Vorteile für Familien in den Vergleich ein. In Frankreich das Familiensplitting, in Deutschland Teile des Ehegattensplittings.

Aber weil die Industrieländer Familien so unterschiedlich fördern, ist es schwer, die Ausgaben direkt zu vergleichen. Trotzdem sind die Zahlen der OECD ein erster Anhaltspunkt. Sie zeigen, dass trotz der »Geld, Geld, immer nur Geld«-Strategie der Anteil der Familienleistungen am BIP nahezu identisch geblieben ist. Lag die Quote in Deutschland 2001 bei 2,9 Prozent, ist sie bis 2013 nur minimal auf 3,0 Prozent gestiegen. In unserem Nachbarland Frankreich lag die Quote im selben Jahr bei 3,7 Prozent. Schweden und Dänemark lassen sich Familien ähnlich viel kosten. Doch andere Industrieländer wie die USA (1,1 Prozent) und die Schweiz (2 Prozent) gaben deutlich weniger für Familien aus. Insgesamt liegt Deutschland damit im internationalen Vergleich trotz der riesig erscheinenden Summe also nur im Mittelfeld.

Wenn wir uns abschließend noch damit befassen, wie das Geld für Familien ausgegeben wird (und zwar das Geld, das wirklich bei Familien landet und nicht z. B. bei Witwen und Witwern), wird es noch schlimmer. Nämlich ziemlich planlos. Eine Wohltat hier, ein Steuergeschenk da, und ständig kommen neue Leistungen hinzu. Doch diese Leistungen werden einfach zusätzlich auf das bestehende System gelegt, statt einen wirklichen Wandel in der Familienpolitik anzugehen. Dabei sollte es nicht darum gehen, einfach immer mehr Geld auszugeben, sondern darum, das Geld richtig auszugeben. Wer nicht will, dass die Steuermilliarden für Familien wirkungslos verpuffen, der muss sich überlegen, was er damit erreichen will – außer die nächste Wahl zu gewinnen. Die vielen Leistungen für Familien sind zwar gewiss gut gemeint, aber das entstandene Chaos aus familienpolitischen Wohltaten, deren Wirkung sich zum Teil gegenseitig aufhebt, hilft am Ende niemandem. Wer alles will, erreicht wenig. Die Erwerbstätigkeit von Müttern genauso wie die Geburtenrate steigern: Das passt nicht zwangsläufig zusammen. Andere Länder verfolgen mit ihrer Familienpolitik ein konkretes Ziel. Frankreich stellt eine hohe Geburtenrate in den Vordergrund. Den Briten geht es um die Bekämpfung von Kinderarmut. Schweden setzt, genau wie die anderen skandinavischen Länder, vor allem auf die bessere Vereinbarkeit von Beruf und Familie. In Dänemark fließt die Hälfte des Geldes für Familien in eine gute Kinderbetreuung. Und bei uns? In Deutschland herrscht familienpolitisches Chaos.

Früher, in den 1950er- und 1960er-Jahren, gab es in der Bundesrepublik noch die »Normalfamilie«. Von den meisten Menschen gelebt und von fast allen akzeptiert. Ein Familienernährer sorgte als Alleinverdiener für den Lebensunterhalt der Familie. Fest angestellt in einem Normalarbeitsverhältnis. Seine Ehefrau wiederum übernahm als Hausfrau die Sorgearbeit für Kinder und Pflegebedürftige.

Somit blieb die staatliche Infrastruktur unterentwickelt. Wer braucht schon Kinderkrippen, wenn sich Frauen bereits privat um Kinder kümmern? Doch dieses Modell hat einen Preis: Frauen geraten in finanzielle Abhängigkeiten, aus denen sie sich kaum lösen können. Männer, deren Beruf viel Zeit und Aufmerksamkeit verlangt, können nur schwer eine enge Beziehung zu ihren Kindern aufbauen.

Unsere Gesellschaft hat sich mittlerweile gewandelt (mehr zu den heutigen Familienformen im Kapitel ›Politik, die zum echten Leben passt‹). Die Normalfamilie ist nicht mehr das dominierende Modell. Stattdessen gibt es eine Vielzahl unterschiedlicher Lebensmodelle. »Familie ist überall dort, wo Eltern für Kinder und Kinder für Eltern Verantwortung tragen«[3], notierte die CDU bereits 1999. Trotzdem ist unser Sozialstaat noch immer an der Normalfamilie ausgerichtet. Die familienpolitische Unterstützung ist am größten, wenn nur ein Elternteil arbeitet. Sobald beide arbeiten, bricht das Kartenhaus zusammen. Das fängt beim Steuersystem an: Das Ehegattensplitting bevorteilt Paare, bei denen eine Person in Vollzeit gut verdient und die andere nicht oder nur sehr wenig arbeitet. Je egalitärer die Arbeitsaufteilung, desto weniger profitieren Eltern vom Ehegattensplitting. Dasselbe gilt für die kostenfreie Mitversicherung nicht erwerbstätiger Ehegatten: Sobald beide arbeiten, geht dieser Vorteil verloren.

Irgendwann ist auch dem Gesetzgeber aufgefallen, dass die 1950er-Jahre lange vorbei sind. Nicht nur die Vergleichsstudien der OECD, sondern auch viele andere Untersuchungen zeigten überdeutlich die Defizite der deutschen Familienpolitik, die Zweitverdiener und Alleinerziehende kaum unterstützte. Seit 2003 ist mit dem Kita-Ausbau, der Einführung des Elterngeldes und der Unterhaltsrechtsreform viel geschehen. Doch geholfen hat das nur wenig. Denn mittlerweile existieren in Deutschland zwei Familienförderungssysteme parallel nebeneinander. Mal wird die Einverdienerfamilie gefördert, mal die Zweiverdienerfamilie. Die Anreize des einen Systems schwächen dabei die Wirkung des anderen Systems. Sie blockieren sich gegenseitig. Die deutsche Familienpolitik orientierte sich offenbar an Tolstois berühmtem ersten Satz aus dem Roman ›Anna Karenina‹: »Alle glücklichen Familien ähneln einander, jede unglückliche Familie ist auf ihre eigene Art unglücklich.«

So erfanden Politiker aller Parteien immer neue Leistungen, um möglichst jeder Familie gerecht zu werden. Mit der Zeit entstand ein finanzielles Wirrwarr, das heute niemand versteht. Satte Steuerersparnisse zum Beispiel erhalten durch das Ehegattensplitting nur verheiratete Paare. Eltern, die ohne Trauschein Kinder erziehen, gehen leer aus. Sinnfrei? Richtig. Doch statt sich der Lebensrealität zu stellen und Familienpolitik komplett neu zu denken, hat sich die Politik weiterhin auf finanzielle Transfers konzentriert und nebenbei mit dem Kita-Ausbau und der Einführung des Elterngeldes neue Bohlen auf das längst veraltete Gerüst gelegt. Anscheinend hofften die Politiker, dass es schon irgendwie klappen würde, ihre alten Wähler nicht zu vergraulen und gleichzeitig dem gewandelten Familien- und Frauenbild gerecht zu werden. Logisch, dass dies scheitern musste.

Heute ist der Staat nicht nur mit seinen finanziellen Mitteln widersprüchlich. Er bringt Eltern auch regelmäßig in Situationen, in denen sie eigentlich alles nur falsch machen können. Zwar beklagen wir die sinkende Bereitschaft,

Kinder zu bekommen und Verantwortung für sie zu übernehmen. Wer aber Kinder hat, wird schief angesehen, wenn diese bereits früh in die Krippe kommen. »Die wollen ihre Kinder nur wegorganisieren, und das mit unseren Steuergeldern«, heißt es, wenn Eltern eine bessere Kinderbetreuung fordern. Sollte sich ein Elternteil allerdings dagegen entscheiden, zu arbeiten, beginnt der Kampf an der nächsten Front. Im besten Fall gelten Eltern, die sich ganz auf ihre Familie konzentrieren, als naiv und kurzsichtig. Im schlimmsten Fall als asozial. Das ist die logische Konsequenz einer Politik, die darauf setzt, dass jeder für sich selbst verantwortlich sein soll und dabei keine wirkliche Absicherung für diejenigen schafft, die Verantwortung für andere übernehmen.

Am besten lässt sich dies anhand der Ehe erklären: Der Staat fördert unter anderem mit dem Ehegattensplitting und der kostenfreien Mitversicherung, dass sich vor allem Frauen in finanzielle Abhängigkeiten begeben (siehe auch das Kapitel ›Politik, die mit Steuern steuert‹). Doch sollte die Ehe scheitern, stehen sie schlecht da. Seit 2008 gilt ein neues Unterhaltsrecht. Jahrelange Unterhaltszahlungen sind Geschichte. Stattdessen wird von den Frauen erwartet, dass sie möglichst schnell finanziell auf eigenen Beinen stehen. Das alte (am Ernährermodell orientierte) Unterhaltsrecht sicherte auch im Fall einer Scheidung den in der Ehe gelebten Lebensstandard. Im neuen Unterhaltsrecht ist der Unterhalt demgegenüber auf einen angemessenen Lebensunterhalt beschränkt und kann ggf. zeitlich begrenzt werden. Der Paragraf 1569 des Bürgerlichen Gesetzbuches formuliert das so: »Nach der Scheidung obliegt es jedem Ehegatten, selbst für seinen Unterhalt zu sorgen.«

Ausnahmen gibt es nur wenige, beispielsweise, wenn der Expartner ein Kleinkind unter drei Jahren betreut. Trotzdem vertrauen die Deutschen entgegen jeder Wahrscheinlichkeit (jede dritte Ehe wird geschieden) auf die Bestandskraft ihrer Ehe. Die Unterhaltsreform ist den meisten, solange sie verheiratet sind, einer Studie des RWI zufolge ziemlich egal.[4] Dabei müssten sie schon in der Ehe darauf achten, dass sie den Anschluss an den Arbeitsmarkt nicht verlieren, und eigene soziale Sicherungsansprüche aufbauen. Auf den ersten Blick mag die Intention hinter der Unterhaltsreform gut gewesen sein, sie hat jedoch nicht dazu geführt, Frauen aus riskanten Abhängigkeiten zu lösen. Stattdessen ist der Spagat, den Familien leisten müssen, noch größer geworden. Die Politik erwartet, dass wir Zeit in unsere Bildung und Arbeit investieren. Gleichzeitig sollen wir uns altruistisch Zeit für unsere Familien nehmen. Beides tritt zueinander in Konkurrenz. Eine Konkurrenz, welche von der Politik nicht entschärft, sondern sogar noch verschärft wird.

Deutschland lässt sich seine Familienpolitik Milliarden kosten. Allerdings fördert der Staat mal das Alleinverdienermodell, mal eine gleichberechtigte Teilhabe beider Geschlechter an Beruf und Familie. Er fordert, dass Frauen möglichst schnell nach der Geburt wieder arbeiten, unterstützt sie aber gleichzeitig am stärksten, wenn sie zu Hause bleiben. Wir haben kein Leitbild mehr. Immer wieder kommen neue Leistungen hinzu, die kaum aufeinander abgestimmt sind. Was bleibt, ist ein großes Chaos familienpolitischer Leistungen, die sich gegenseitig nicht fördern, sondern deren Wirkung sich aufhebt. Ob in Steuerfragen oder dem Unterhaltsrecht. Einige Familienformen wie

Alleinerziehende und Patchworkkonstellationen scheint die Politik sogar regelmäßig zu übersehen. Geld hilft aber wenig, wenn es ohne Plan ausgegeben wird. Der Rabenvater Staat hat seine Söhne und vor allem Töchter mit einer rückständigen Familienpolitik im Stich gelassen und selbst dafür gesorgt, dass keine Kinder geboren werden.

POLITIK, DIE ELTERN ETWAS ZUTRAUT

Eltern sitzen alle gemeinsam im selben Boot, in dem sie – egal, in welche Richtung sie paddeln – alles nur falsch machen können und regelmäßig zu kentern drohen. Bevor ich Mutter wurde, dachte ich, deshalb gäbe es einen großen Elternclub, in dem man mit der Geburt des ersten Kindes automatisch Mitglied wird. Ein Kleinkind auf dem Arm dient dabei als Mitgliedsausweis. Doch schnell musste ich feststellen, dass es keinen Elternclub gibt, sondern allerhöchstens Elterncliquen. Diese bilden sich vor allem entlang der familienpolitischen Gretchenfrage: »Musst oder willst du wieder arbeiten?« Schon ein paar Arbeitsstunden mehr oder weniger führen manchmal zu schweren Glaubenskriegen. Nicht, dass es nicht schon schlimm genug wäre, dass der Rabenvater Staat uns regelmäßig in Situationen bringt, in denen wir uns nur falsch entscheiden können. Nein, stattdessen fehlt uns auch die Elternsolidarität. Ein großes Wort, das etwas verstaubt klingt, aber dessen Bedeutung nicht aktueller sein könnte.

Statt zu erkennen, dass sie für die gemeinsame Sache kämpfen sollten, zerfleischen sich vollberufstätige, halbberufstätige und nichtberufstätige Eltern und vor allem Mütter häufig gegenseitig. Wir müssen aufhören, die vermeintliche, weil Vollzeit arbeitende, Rabenmutter zu diskreditieren und uns abschätzig über traditionelle Familienmodelle als »gestrig« zu äußern. Wie lange ein Kind gestillt wird und ob es schon mit sechs Monaten in die Krippe geht, sind ganz private Entscheidungen. Wieso sollte sich eine Mutter dafür rechtfertigen und erklären, was sie den ganzen Tag leistet, wenn sie länger als drei Jahre bei ihrem Kind zu Hause bleiben möchte? Wieso wird ein Vater, der seine Arbeitszeit für die Familie reduziert, misstrauisch als vermeintlicher Minderleister beäugt?

Hören wir endlich auf, uns über Eltern und ihre Kinder zu amüsieren. Über Rabenmütter, Helikopter-Eltern und Hartz-IV-Väter. Über Kevin genauso wie über Johanna-Marie. Über Attachment Parenting und Familienbett. Nie vergessen werde ich die Mutter, die mich in einem Eltern-Kind-Café ansprach: »Meinst du wirklich, dieser Schnuller ist gut für dein Kind?« In dem Moment robbte meine Tochter fröhlich schnullernd an uns vorbei. Ob einfacher Schnuller aus dem Drogeriemarkt oder ein braunes, überdimensioniertes Kautschukmonstrum aus der Apotheke: Es schien ihr herzlich egal. Und mir zugegeben auch.

Was mir nicht egal war, das war die Haltung dahinter. Ich bin jedenfalls überzeugt, dass es jede Mutter und jeder Vater bestmöglich machen möchte. Die allermeisten zumindest. Aber jede Entscheidung für etwas, so empfinden es offensichtlich viele, wertet das Lebensmodell des anderen ab. Wer Kindern den Vorzug vor dem Arbeitsleben gibt, macht denen, die sich anders entschieden haben, ein schlechtes Gewissen. Psychologisch mag es verständlich sein, sich abfällig über Hausfrauen zu äußern, wenn einem selbst morgens der Abschied vom Kind in der Kita schwerfällt. Wie sonst wäre diese Dissonanz zu ertragen? Richtig ist es trotzdem nicht. Wir kämpfen den falschen Kampf, wenn wir uns gegeneinander wenden. Es gibt viele Wege, Kinder großzuziehen.

Wäre es nicht schön, wenn es stattdessen einen wirklichen Elternclub gäbe? Wenn wir in die Krabbelgruppe, auf den Spielplatz oder zum Abholen in die Schule kommen könnten und uns die anderen Eltern angesichts unserer Augenringe solidarisch zunicken würden? Wenn wir das Lebensmodell anderer akzeptierten und uns gegenseitig unterstützten? Im praktischen Alltag (»Klar kann ich euer Kind heute mit zu uns nehmen«) genauso wie im Artikulieren politischer Forderungen?

Einen Neustart der Familienpolitik brauchen wir alle – ganz egal, wie unser Familienleben aussieht –, wenn die Milliarden für Familien nicht weiter wirkungslos versickern sollen. Was nichts bringt, muss gekürzt oder gestrichen werden, was hilfreich ist, hingegen ausgebaut. Stärker denn je müssen wir uns fragen, was wichtiger ist: Die Familien mit direkten finanziellen Transfers unterstützen oder das Geld in Betreuung und Bildung investieren? Geht beides nebeneinander? Und wenn ja: wie? In Deutschland wurde lange der Geldhahn immer weiter aufgedreht, statt sich der Grundsatzfrage zu stellen. Einerseits hat die Politik die klassische Ernährerehe weiter gefördert, andererseits unter anderem mit dem Elterngeld, dessen Bezugsdauer viel kürzer ist als die des früheren Erziehungsgeldes, versucht, Frauen möglichst schnell wieder auf den Arbeitsmarkt zu schubsen. Dort fehlen sie schließlich als Fachkräfte. Die Erwerbstätigkeit von Frauen gilt als Allheilmittel: für die Wirtschaft, für die Emanzipation, gegen (Alters-)Armut. Doch Arbeit ist weniger ein Allheilmittel als ein Beziehungskiller, wenn die Rahmenbedingungen nicht stimmen.

Wenn zuvor der Arbeitsmarkt nicht modernisiert wird und gute Betreuungsplätze geschaffen werden, schafft Berufstätigkeit Probleme, statt sie zu lösen. Vor allem die Antwort auf die Frage »Wie sorgen wir für die, die für andere Verantwortung übernehmen?« ist uns die Politik bis heute schuldig geblieben.

Eine vermeintlich einfache Lösung, um das familienpolitische Wirrwarr aufzulösen, wäre, konsequent nur das Zweiverdienermodell zu fördern und alle Privilegien für die Alleinverdienerehe abzuschaffen. Zum Beispiel die beitragsfreie Mitversicherung in der gesetzlichen Krankenkasse. Sie entlastet nur Familien, in denen ein Partner nichts oder wenig verdient. Ohne all die staatlichen Anreize zum Zuhausebleiben würden die Ehefrauen dann schon von alleine wieder arbeiten, könnte man folgern. Aber nun haben diese Frauen vorher ja nicht nichts gemacht. Was passiert dann mit den übrigen Familienmitgliedern? Wer kümmert sich um sie?

Doch aus Rebellion gegen Wirtschaft und Staat »dann erst recht« ein Hausfrauenleben anzustreben, wäre genauso verfehlt. Es ist wichtig, dass wir uns gegen die Ökonomisierung unseres Lebens wehren. Aber deswegen kann die Antwort doch auch nicht lauten, dass Frauen keinem Beruf mehr nachgehen und sich auf ihre Rolle als Hausfrau zurückbesinnen? Wer das für sich möchte, sollte es natürlich können, aber es entspricht mehrheitlich nicht mehr den Lebensentwürfen junger Frauen und Männer, eine Versorger-Hausfrau-Ehe zu leben (siehe das Kapitel ›Politik, die zum echten Leben passt‹). Außerdem ist es angesichts des heutigen Arbeitsmarktes sehr riskant, sich als Familie nur auf ein Erwerbseinkommen zu verlassen.

Wenn die Politik bloß halb so viel Aufmerksamkeit und Energie in einen Neustart der Familienpolitik stecken würde, wie sie dem Streit um eine Obergrenze für Flüchtlinge gewidmet hat, dann wären wir der Antwort auf die Frage »Wie sorgen wir für die, die für andere Verantwortung übernehmen?« vielleicht schon näher. Momentan aber zahlen Familien jeden Tag einen hohen Preis für die Versäumnisse der Familienpolitik. Sehr lange waren es die Frauen, die ihre Verwirklichung nur noch zu Hause suchen konnten, sobald sie Mutter wurden. Und es waren die Männer, die nur schwer präsente Väter sein konnten. Heute sind es häufig die Kinder, die den Preis zahlen. Sie werden entweder gar nicht erst geboren oder wachsen mit gestressten Eltern auf. Wo bleibt das Familienleben, wenn alle Vollzeit arbeiten? Auch eine Rund-um-die-Uhr-Fremdbetreuung schenkt uns keine Familienzeit. Keine zwischenmenschlichen Begegnungen. Keine Nähe. Keine gemeinsamen Erfahrungen als Familie. Doch niemand außer den Familien selbst wird dafür kämpfen, dass Familie noch Raum in unseren Leben bekommt. Denn Familienzeit hat schließlich nichts zu bieten: Sie erhöht nicht das Bruttosozialprodukt. Ihre einzige Währung ist der bewusst gelebte Moment, wenn wir mit unseren Kindern lachen, spielen oder kuscheln.

An dieser Stelle ließe sich ohne Ende darüber streiten, was gute Politik ist. Erst recht, wenn es um ein so ideologiebelastetes Feld wie die Familie geht. Laut dem Normenkontrollrat, der sich im Auftrag des Kanzleramts für »bessere Rechtsetzung« einsetzt, gibt es zumindest ein Merkmal guter Politik, das ganz unabhängig von allen parteipolitischen Differenzen ist: Bevor das Parlament ein neues

Gesetz beschließt, sollte es genau definieren, was es konkret damit erreichen möchte, und alternative Wege, um dieses Ziel zu erreichen, benennen. Später muss das Parlament dann kontrollieren, ob das konkrete Gesetz wirklich zum erwünschten Ziel geführt hat. Mögliche Ziele der deutschen Familienpolitik gibt es viele. Alle spielten in der Vergangenheit eine Rolle. Die Geburtenförderung aus bevölkerungs- und wirtschaftspolitischen Motiven. Die Bekämpfung von (Kinder-)Armut. Die Gleichstellung der Geschlechter. Die Förderung des Kindeswohls und die Familie als Wert an sich. Jedes dieser Ziele hat für sich selbst seine Berechtigung. Doch Familien fehlt vor allem eines: eine Politik, die Eltern etwas zutraut.

Die Frage, wie Familien wirksam geholfen werden kann, lässt sich nicht auf der Ebene einzelner familienpolitischer Maßnahmen beantworten. Es darf nicht länger ums Klein-Klein gehen. Wir müssen uns stattdessen mit dem großen Ganzen beschäftigen, der Gesamtausrichtung der Familienpolitik, und wir dürfen uns dabei möglichst wenig von Ideologien leiten lassen. Familien sind das falsche Feld für parteipolitische Kämpfe. Stattdessen sollten wir alle endlich zur Kenntnis nehmen, dass die Vorstellungen eines gelungenen Lebens unterschiedlich sind. Das fängt mit der Frage an, ob und wann wir überhaupt Kinder wollen. Und geht mit der Frage weiter, welchem Lebensbereich wir wie viel Zeit widmen wollen. Jede Frau, jeder Mann, jedes Paar muss darauf individuelle Antworten finden. Zwar ist Familienpolitik längst vom »Gedöns« zum wichtigen Politikfeld aufgestiegen, aber es ist uns immer noch nicht gelungen, Rahmenbedingungen zu schaffen, die es Familien ermöglichen, selbst zu entscheiden, wie sie ihr Leben leben wollen. Ob und wann sie eine Familie gründen und welcher Partner in welche Lebensphase wie viel Zeit für Kinder und die Pflege anderer Angehöriger aufwendet – und wie diese Leistung angemessen von der Gesellschaft honoriert wird. Dabei sollte es weniger um Glaubenssätze gehen als um das Wohlergehen von Müttern, Vätern und vor allem Kindern.

Ich glaube fest daran, dass sich Erwerbs- und Familienleben grundsätzlich vereinbaren lassen. Und zwar weder auf Kosten der Familie noch auf Kosten der Karriere. Zumindest für die, die es wollen. Nicht alle wünschen sich beruflichen Erfolg, nicht alle streben eine Partnerschaft an, nicht alle möchten Kinder. Aber die, die es wollen, sollen auch als Eltern eine Chance haben, beruflich viel zu erreichen. Die, die arbeiten, sollen trotzdem bereichernde Beziehungen führen und gute Eltern sein können.

In den vergangenen Jahren fehlte in der Familienpolitik der Mut, einen Neustart zu wagen. Natürlich ist das nicht leicht. Ein einfaches Rezept gibt es nicht, gibt es in der Politik fast nie. Eine Leistung zum Beispiel, die sowohl den Lebensunterhalt von Familien sichert als auch gleichzeitig zum beruflichen Wiedereinstieg (und damit zu nachhaltiger Absicherung) motiviert, ist mindestens genauso schwierig zu entwerfen wie eine Finanztransaktionssteuer. Aber wenn wir gar nicht erst versuchen, eine Alternative zu finden, wie unsere Lebensläufe künftig aussehen könnten, dann wird der Spagat, den Familien leisten müssen, noch größer.

Doch wie schaffen wir Rahmenbedingungen, die allen gerecht werden? Egal, ob die Eltern verheiratet sind oder nicht, in einer Wohnung leben oder in mehreren? Eine

Zustimmung zur Aussage "Kinder zwischen 1 und 3 Jahren leiden, wenn sie überwiegend in einer Kita oder Krippe betreut werden"

MÄNNER: 40,5 | 33,7
FRAUEN: 41,8 | 34,4
BILDUNGSABSCHLUSS NIEDRIG/MITTEL: 46 | 37
BILDUNGSABSCHLUSS HOCH: 30,7 | 24,5
WESTDEUTSCHLAND: 46,3 | 38,9
OSTDEUTSCHLAND (EINSCHL. BERLIN): 20,7 | 15,2

■ 2012 ■ 2016

Quelle: FLB 2012 und 2016, gewichtet, eigene Berechnungen

Familienpolitik, die es erlaubt, im Laufe eines Lebens, wenn vielleicht auch nicht gleichzeitig, eine Liebe zu leben, Kindern alles Nötige auf ihrem Weg ins Leben mitzugeben und sich im Beruf zu verwirklichen? Wie nehmen wir jungen Menschen, die vor der Familiengründung stehen oder gerade Kinder bekommen haben, ihre Ängste? Der größte Teil der Weltbevölkerung hat von Mutterschutz und Elterngeld noch nie etwas gehört. Trotzdem verfallen junge Menschen in Deutschland angesichts des Berufseinstieg-Kinderplanung-Wiedereinstieg-Karriereknick-Wahnsinns regelmäßig in Panik. Es ist auch Aufgabe der Politik, ihnen neues Selbstbewusstsein zu geben: Ihr könnt das schaffen. Ihr könnt euch ein, zwei, viele Kinder finanziell leisten. Eure Karriere ist nicht für immer verbaut. Ihr werdet auch im Alter nicht arm sein. Ihr werdet nicht regelmäßig kurz vorm Burn-out sein.

Es gibt nicht DIE Familienpolitik. Letztlich hängt alles

mit allem zusammen: Familienpolitik ist auch Arbeitsmarkt- und Beschäftigungspolitik sowie Stadtentwicklungs- und Wohnungspolitik. Im Sozialrecht finden sich Regelungen zum Kinder- und Elterngeld genauso wie zum Unterhaltsvorschuss. Das Arbeitsrecht wiederum regelt den Mutterschutz und die Elternzeit. Im öffentlichen Recht geht es um sozialen Wohnungsbau, Spielplätze und Schulen. Das Einkommensteuerrecht erlaubt es unter anderem, Betreuungskosten abzusetzen. Es gäbe Tausende Stellschrauben, an denen wir drehen könnten, um die Situation für Familien zu verbessern. Doch wenn wir an einer Schraube drehen, lockert sich vielleicht eine andere. Einzelmaßnahmen bringen wenig. Politik müsste sehr zielgenau sein, um ein ganz konkretes Problem zu lösen – und dabei sämtliche, möglicherweise ungewollten Nebenwirkungen mitdenken. Das kann Bundespolitik nicht leisten. Und das muss sie auch gar nicht. Politik kann niemals jeder individuellen Situation gerecht werden. Aber sie kann verlässlich und transparent sein und weiter denken als nur eine Legislaturperiode. Die Entscheidung für Kinder ist schließlich eine Entscheidung für immer und nicht bis zur nächsten Wahl.

Derzeit wird das Problem des Spagats, in den die Politik Familien zwingt, einfach nur effektvoll betrachtet, statt dass man gemeinsam nach Lösungen sucht. Es ist, als stünden wir im Wohnungsflur, umgeben von Legosteinen, die nahezu den gesamten Fußboden bedecken, und würden – statt endlich aufzuräumen – nur laut feststellen: »Jemand müsste die Legosteine wegräumen.« Doch von alleine landet kein Stein in der Kiste, und mit Einzelmaßnahmen, kleinen legosteinfreien Fußbodenfleckchen, kommen wir auch nicht ohne schmerzende Füße ins Kinderzimmer.

Familienpolitik darf nicht weiter wuchern. Hier noch eine Maßnahme, dort noch etwas mehr Geld. Das mag alles zwar auf den ersten Blick gut klingen, passt aber nicht zur Lebensrealität junger Menschen. Immer neue Schlagworte helfen nicht. Familien brauchen stattdessen eine Entlastung, die sie direkt im Portemonnaie spüren, ohne dass sie dafür einen Steuerberater brauchen. Eine Politik, die Eltern vertraut, ihnen etwas zutraut und sagt: »Wie auch immer ihr das Leben leben wollt, es ist gut so. Macht es, so gut ihr könnt. Wir versuchen die Rahmenbedingungen zu schaffen, damit euch das gelingt.« Natürlich müssen wir ehrlich sein: Es wird immer (wenige!) Jobs geben, die sich nicht mit Kindern vereinbaren lassen. Manchmal muss man sich entscheiden. Aber wir sollten frei sein, diese Entscheidung zu treffen.

In diesem Buch geht es um nichts weniger als eine Revolution in der Familienpolitik. Eine Revolution, die auf den legosteinbedeckten Fußböden dieser Republik beginnt. Wir können in einem Land leben, in dem Arbeits- und Familienleben dieselbe Bedeutung haben. Doch dafür braucht unsere Familienpolitik einen Neustart. Sie muss Eltern wertschätzen und ihnen etwas zutrauen. Natürlich ist keiner der folgenden Vorschläge perfekt. Auch das ist Politik. Aber sie zeigen, wie der Weg zu einer neuen Familienpolitik aussehen könnte. Gehen müssen wir ihn alle gemeinsam.

POLITIK, DIE SO EINFACH IST
WIE EIN KINDERPUZZLE

Die aktuelle Familienpolitik ist nicht nur widersprüchlich, sondern auch schwer zu verstehen. Mittlerweile ist Familienpolitik so komplex, dass sie für die meisten ähnlich schwer zu durchdringen sein dürfte wie der Länderfinanzausgleich – und von einigen Kinderlosen als ähnlich unfair empfunden wird wie von den Bayern ihre Zahlungsverpflichtung zugunsten von Brandenburg und Bremen. Mehr als 150 verschiedene Leistungen gibt es mittlerweile – und es werden immer mehr statt weniger. Dabei kennt schon heute kaum jemand alle Hilfen, die Familien in Anspruch nehmen können. Klar, das Kindergeld kennt jeder. Vom 2007 eingeführten Elterngeld haben mittlerweile auch die meisten gehört. Aber wer weiß schon, dass Kinderbetreuungskosten (zumindest zum Teil) von der Steuer absetzbar sind? Wem ist bekannt, dass Eltern bei der Riester-Rente mit bis zu 300 Euro je Kind und Jahr vom Staat gefördert werden? Wer hat vor der Geburt der eigenen Kinder mitbekommen, dass Beamte Familienzuschläge erhalten und Angestellte niedrigere Beiträge bei der Pflegeversicherung zahlen?

Es ist bis heute nicht eindeutig geklärt, ob all die Maßnahmen, die der Staat für Eltern an deren Babyparty-Windeltorte schnürt, einen Einfluss darauf haben, wie viele

Kinder geboren werden. Einen passenden Partner kann der Staat jedenfalls nicht bereitstellen (dann doch lieber weiter in der Dating-App auf dem Smartphone nach rechts wischen als eine staatliche Zusammenführung von Zeugungswilligen). Aber klar dürfte sein: Wenn junge Menschen die Leistungen kennen und verstehen, mit denen der Staat sie unterstützt, dann dürfte die Entscheidung für ein (oder ein weiteres) Kind leichterfallen. Da jedoch sogar Experten das Familienförderkuddelmuddel kaum durchdringen, dürfte das vielen Familien erst recht schwerfallen. Über den ermäßigten Beitrag zur gesetzlichen Pflegeversicherung zum Beispiel wissen selbst unter denen, die bereits Kinder haben, 22 Prozent nichts. Sie haben lediglich den Namen schon einmal gehört.[1]

Je komplexer der Sozialstaat ist, desto ungerechter wird er. Nur wenn die Mehrheit der Familien die Leistungen kennt, die ihnen zustehen, können staatliche Hilfen sie überhaupt erreichen. Aber statt einfacher zu werden, wucherte die Familienpolitik unter jeder neuen Regierung immer weiter und weiter. Dabei ist die Sehnsucht nach einem einfachen Staat nicht nur unter Eltern groß. Viele Menschen sehnen sich nach einer gerechten Politik, deren Hilfen sie auch ohne Unterstützung eines Finanz- oder Steuerberaters im Portemonnaie spüren. Der berühmte Bierdeckel, der auf ein einfaches Steuerkonzept des CDU-Politikers Friedrich Merz zurückgeht, bildet genau diese Idee ab. Wenn eine Steuerreform auf einen Bierdeckel passt, dann muss doch auch Familienpolitik so einfach sein können wie das Kinderpuzzle meiner Tochter.

Vor allem Mütter verbringen die ersten Wochen nach der Geburt nicht gemütlich mit dem Baby auf dem Sofa, ohne zu wissen, was sie mit der vielen Zeit anfangen sollen. Nachwehen, Dammriss oder Kaiserschnittnarbe und Milcheinschuss schmerzen. Bei manchen klappt das Stillen gar nicht, andere gehen in Milchseen unter. Viele treffen die hormonbedingten Heultage ganz unerwartet. Die Haare fallen aus, und wann dieses ätzende Beckenbodentraining in den Alltag passen soll, sagt einem auch niemand. Denn am liebsten möchte man in den Momenten, in denen das Kind schläft, auch einfach nur schlafen. Es gibt Tage, an denen es einem wie eine große Leistung vorkommt, etwas anderes als nur den Schlafanzug getragen zu haben. Doch selbst wenn der Dauerschlafentzug endlich aufhört, sind die kleinen Alltagsfremdbestimmer immer noch da. Mit einem Kind geht man nicht »mal eben« aus dem Haus. Allein das Anziehen einer Jacke kann eine große Prozedur sein, wenn das Kind der Überzeugung ist, dass die Eisenbahnstrecke noch nicht fertiggestellt ist und eine Unterbrechung der Bauarbeiten sein Todesurteil bedeutet. Familien haben, egal, wie alt ihre Kinder sind, weder Zeit noch Nerv, um sich ausführlich mit gesetzlichen Regularien zu beschäftigen, die sie eigentlich entlasten sollten.

Aber es ist wie so oft im Leben: Die pauschale Kritik an der großen Zahl familienpolitischer Leistungen greift zu kurz. Denn das hieße, dass die Politik mit der Machete durch den Förderdschungel gehen und radikal Leistungen streichen müsste. Tatsächlich wäre dies bei einzelnen Leistungen zu überlegen – wie es in diesem Buch beispielsweise mit dem Ehegattensplitting geschieht (siehe das Kapitel ›Politik, der Kinder mehr bedeuten als Schweine‹). Doch selbst wenn sich 50 Maßnahmen fänden, die abgeschafft oder neu gestaltet werden könnten (und auch das erscheint unrealistisch), blieben immer noch mehr als hundert übrig. Eine Alternative wäre, statt zur Machete zum Schnürband zu greifen und die Leistungen zu vereinfachen und zu bündeln. Denn von den mehr als 150 Leistungen sind z. B. allein fünf Kinderzuschläge im öffentlichen Dienst und acht betreffen das BAföG.

Die Maßnahmen zu vereinfachen und zu bündeln, wäre nicht weiter schwierig, wenn einzig das Familienministerium zuständig wäre. Aber Familienpolitik ist keine einzellige Amöbe, sondern eine Krake, deren unzählige Arme sich durch fast alle Ministerien schlängeln. Neben dem schon dem Namen nach zuständigen Familienministerium beschäftigen sich auch das Ministerium für Arbeit und Soziales, das Finanz- und das Gesundheitsministerium mit Familien. Das Bildungsministerium ist genauso für Familienpolitik zuständig wie das Innenministerium, in dessen Bereich das Thema »Bauen« fällt.

Bei der Vielzahl unterschiedlicher Ministerien, die alle mitreden wollen, kommt es schnell zu dem »Mama hü, Papa hott«-Phänomen. Die eine sagt so – der andere so. Der eine gibt beim Überraschungsei an der Supermarktkasse nach – die andere nicht. Das eine Ministerium fördert, dass Mütter möglichst schnell wieder arbeiten – das andere, dass sie möglichst lange zu Hause bei ihren Kindern bleiben. Doch es sind nicht nur die Bundesministerien, die in der Familienpolitik mitmischen. Daneben gibt es auf den unterschiedlichen föderalen Ebenen, also bei den Bundesländern und Kommunen, noch viele Verwandte, die sich auch in das Leben von Familien einmischen. Die Kompetenzen zur Gesetzgebung sind weit verstreut. Eine einheitliche und einfache Politik für Familien erscheint unter diesen Bedingungen kaum möglich. Zu viele Köche verderben den (Baby-)Brei.

Wäre es eine Lösung, alle Aufgaben im Familienministerium zu bündeln und so die Politikkrake zu zähmen (die übrigens den Namen »Querschnittsaufgabe« trägt)? Leider nein. Damit würden neue Probleme entstehen, denn viele Aufgaben können von den Krakenarmen besser bewältigt werden als im Familienministerium. Es würde keinen Sinn ergeben, wenn sich das kleine Familienministerium in die komplexe Steuergesetzgebung einarbeiten müsste. Kinderfreibeträge und die teilweise Absetzbarkeit von Kinderbetreuungskosten sind Teil des Steuersystems – und im Finanzministerium am besten aufgehoben. Auch doppelte Anträge zur Arbeitslosenversicherung oder der Sozialhilfe würden weder die Familien noch die Verwaltung entlasten.

Doch wie kann es stattdessen gelingen, dass der familienpolitische Brei statt aus vielen kleinen Töpfchen endlich aus einem Topf kommt? Die Österreicher haben den Familienlastenausgleichsfonds (FLAF), um möglichst viele staatliche Leistungen für Familien aus einer Hand zu verteilen. Das Kindergeld genauso wie Schülerfreifahrten. Auch Frankreich könnte mit der caisse d´allocations familiales (CAF), der französischen Familienkasse, ein Vorbild sein. Sie wird über Steuern und Arbeitgeberbeiträge finanziert. Experten reden zwar schon seit Langem darüber, dass eine Familienkasse auch für Deutschland ein gutes Modell wäre,[2] doch geschehen ist bisher nichts. Dabei hätte ein zentraler Familientopf viele Vorteile. Familien wären nicht mehr so stark von Wahlperioden abhängig, sondern könnten sich auf eine langfristige Förderung verlassen, die nicht vom Wahlergebnis abhängt. Schließlich können Eltern ihre

Kinder nach Neuwahlen nicht einfach wieder zurückgeben oder dem Finanzminister überlassen. Sie treffen eine Entscheidung für das ganze Leben und nicht nur die nächste Legislaturperiode. Eine Familienkasse wäre (wie z. B. auch der öffentlich-rechtliche Rundfunk, die Kirchen und Sozialversicherungen) nicht mehr so stark von der Tagespolitik abhängig. Die Förderung von Familien wäre nicht weiter der Haushaltslage und Prioritätensetzung verschiedener Regierungen unterworfen. Mit der langfristigen Finanzierung über eine Familienkasse ließe sich außerdem leichter eine Politik etablieren, die nicht ausschließlich am klassischen Ausbildung-Arbeit-Rente-Lebenslauf orientiert ist.

Nicht zuletzt könnte die Verwaltung effizienter werden, wenn nicht für jede Leistung eine andere Behörde zuständig wäre – und Familien wüssten endlich, an wen sie sich wenden müssen, ohne vorher zu würfeln, ob sie jetzt das Jugend-, Arbeits- oder doch eher das Finanzamt kontaktieren sollen. Die Familienkasse wäre immer der richtige Ansprechpartner. Aber vielleicht am wichtigsten: Familien hätten eine andere gesellschaftliche Bedeutung, wenn es einen eigenen familienpolitischen Akteur gäbe. In Frankreich zum Beispiel hat Familienpolitik seit vielen Jahren einen hohen Stellenwert.

Eine deutsche Familienkasse könnte zunächst möglichst viele Leistungen des Bundes bündeln und z. B. die Auszahlung des Elterngeldes übernehmen. Auch das Kindergeld (zumindest der Förderanteil, im Idealfall das gesamte Kindergeld) und der Kinderzuschlag könnten von der Familienkasse verwaltet werden. Außerdem könnten die Kranken-, Pflege- und Rentenversicherung von den versicherungsfremden Leistungen für Familien entlastet werden und deren Finanzierung ebenfalls über die Familienkasse erfolgen. Derzeit muss die Rentenversicherung eine Reihe von Leistungen übernehmen, für die keine entsprechenden Beiträge eingezahlt wurden. Dazu gehören »Ersatzzeiten« wie die Kriegsgefangenschaft und die Integration von Vertriebenen und Aussiedlern. Und eben auch die Witwen- und Waisenrente sowie die Anerkennung von Kindererziehungszeiten (die »Mütterrente«). Klar, die Rentenkasse erhält einen Bundeszuschuss aus dem Steuertopf, aber der deckt nicht alle Kosten. 2017 überwies der Bund »nur« 13 Milliarden für die Mütterrente an die Rentenversicherung. 2019 wird der Bund zwar 15,4 Milliarden Euro an die Rentenkasse überweisen, aber das reicht nicht aus, um die 2014 und 2018 von der Großen Koalition beschlossenen höheren Ansprüche zu finanzieren. Diese Lücke muss im Moment der Beitragszahler stopfen (zur Frage, ob die Mütterrente überhaupt eine gute Idee ist, siehe das Kapitel ›Politik, die gerecht ist‹).

Auch bei den gesetzlichen Krankenkassen finanzieren die Beitragszahler die Unterstützung von Familien. Wer z. B. ein krankes Kind unter zwölf Jahren betreut, erhält Krankengeld als Lohnersatzleistung. Ehepartner, die nicht oder wenig verdienen, sind genauso beitragsfrei mitversichert wie Kinder. Mittlerweile sieht Paragraf 221 des fünften Sozialgesetzbuches zwar eine »pauschale Abgeltung der Aufwendungen der Krankenkassen für versicherungsfremde Leistungen« vor. Diese wird aus Steuermitteln finanziert und beträgt ab 2017 jährlich 14,5 Milliarden Euro. Doch das reicht bei Weitem nicht.

Wie viel die gesetzlichen Krankenkassen tatsächlich für Familien ausgeben, steht nicht genau fest. Der Spitzenverband Bund der Krankenkassen nennt andere Zahlen als externe Ökonomen oder das Gesundheitsministerium. Es sind sich allerdings alle einig, dass der Bundeszuschuss höchstens die Hälfte der Kosten deckt. Den Rest finanzieren die Mitglieder der Krankenversicherungen mit ihren Beiträgen – obwohl die Förderung von Familien doch gar nicht Aufgabe der gesetzlich Krankenversicherten sein sollte, sondern Aufgabe des gesamten Staates. Unter dem Strich wäre damit zwar kein einziger Euro gewonnen. Den Senkungen der Sozialversicherungsbeiträge stünden höhere Steuerbelastungen gegenüber. Aber genau wie bei der Rentenversicherung wäre eine Finanzierung der Familienleistungen aus einer Familienkasse transparenter und gerechter.

Eine Familienkasse würde es nicht nur bestehenden Familien erleichtern, die ihnen zustehenden Leistungen in Anspruch zu nehmen, sondern auch jungen Menschen, die über eine Familiengründung nachdenken, klar zeigen, welche Unterstützung sie bekommen würden. Eine Beratung wäre in lokalen Familienbüros genauso möglich wie online. Eltern könnten an einem Ort die Geburtsurkunde und finanzielle Leistungen beantragen. Sie müssten nicht mehr zum Finanz-, Jugend- und Standesamt sowie verschiedenen Sozialkassen. Die Leistungen könnten besser aufeinander abgestimmt werden, und durch die Bündelung wäre es leichter, die jeweiligen Anspruchsvoraussetzungen und Einkommensgrenzen zu harmonisieren und etwas Ordnung in das familienpolitische Chaos zu bringen. Da die Familienkasse nicht Teil des allgemeinen Staatshaushaltes wäre, dürfte es sogar zweckgebundene (nämlich für Familien bestimmte) öffentliche Einnahmen geben. Normalerweise sind staatliche Einnahmen für alle Ausgaben des

Staates bereitzuhalten. Trotzdem müsste natürlich auch die Familienkasse der gesetzlichen Steuerung unterliegen. Es ist schließlich Aufgabe unserer Parlamente, festzulegen, welche Leistungen es für Familien geben soll.

Doch eine Familienkasse allein wird das Problem der zersplitterten Familienpolitik nicht lösen. Ein besonderes Hindernis liegt in der Aufgabenteilung zwischen Bund, Ländern und Kommunen. An sich ist der Föderalismus, also die Gewaltenteilung auf den unterschiedlichen staatlichen Ebenen, ein gutes Konzept. Viele Probleme können besser vor Ort gelöst werden als in einem Zentralstaat. Aber Otto von Bismarck sagte schon 1884 in einer Reichstagsrede: »Alle menschlichen Einrichtungen sind unvollkommen, in höchstem Maße und am allermeisten staatliche Einrichtungen.« Für Familien erschwert der Föderalismus mit seinen Eifersüchteleien zwischen Bund und Ländern eine gute und abgestimmte Politik. Betrachten wir allein das Kindergeld. Eine Leistung, die auf den ersten Blick einfach erscheint: Wer ein Kind hat, bekommt Kindergeld. Dieses Kindergeld kommt jedoch nicht aus einem Topf, sondern wird jeweils zu 42,5 Prozent von Bund und Ländern sowie zu 15 Prozent von den Kommunen finanziert. Für 87 Prozent der Kinder erfolgt die Auszahlung des Kindergeldes durch die Familienkassen bei den Agenturen für Arbeit. Neben den 14 Familienkassen der Bundesagentur für Arbeit existieren noch mehrere Tausend Familienkassen des öffentlichen Dienstes des Bundes, der Länder und der Kommunen. Sie zahlen das Kindergeld für die Kinder von öffentlich Bediensteten aus. Effizient ist eine solch große Zahl an Familienkassen nicht. Das hat 2016 auch der Gesetzgeber erkannt und mit dem »Gesetz zur Beendigung der Sonderzuständigkeit der Fami-

lienkassen des öffentlichen Dienstes im Bereich des Bundes«
aufgeräumt. Im Zuge dessen können zwar auch die Länder
und Kommunen ihre Zuständigkeiten abgeben, aber zu
einer automatischen Übertragung kommt es nicht. Welche
Folgen das haben kann, zeigte der Bundesrechnungshof: In
den Jahren 2007 bis 2009 fand er in Stichproben 1306 Fälle,
in denen die Familienkassen für ein Kind doppelt Kindergeld zahlten.

Auch das Elterngeld ist Opfer der Bund-Länder-Eifer-
süchteleien. Zwar wird es komplett vom Bund finanziert,
aber die Auszahlung (und die dafür notwendige Einkom-
mensermittlung) erfolgt in den Ländern – und dort wiederum bei unterschiedlichen Behörden. Jedes Bundesland hat
ein eigenes Antragsformular. In Baden-Württemberg müssen Eltern dieses an die L-Bank, die baden-württember-
gische Staatsbank, schicken. In Bremen ist das Amt für
soziale Dienste der richtige Ansprechpartner, und in Meck-
lenburg-Vorpommern sind es die zuständigen Dezernate
des Versorgungsamtes. Einfach und leicht verständlich
klingt anders.

Dabei müsste alleine das Missverhältnis von Ausgaben
und Einnahmen in der Familienpolitik Mahnung genug
sein, dass wir dringend eine andere Lösung als dieses föderale Kompetenzgerangel brauchen. Eine Beispielrechnung
zeigt dies deutlich: Von jeder Stunde, die Eltern mehr arbeiten, gehen bei einem durchschnittlichen Bruttostunden-
verdienst von 20,44 Euro insgesamt 17,30 Euro an den Staat
(inklusive der Steuern auf den nachgelagerten Konsum und
die Unternehmensgewinne). Den größten Teil (8,05 Euro)
erhalten die Sozialversicherungen. 3,99 Euro fließen in den
Bundes- und 3,64 Euro in den Landeshaushalt. Bei den

Kommunen landet der kleinste Teil, nämlich nur 1,61 Euro.[3] Doch damit Eltern überhaupt mehr arbeiten können, brauchen sie eine gute Kinderbetreuung, und diese ist: Aufgabe der Kommunen.

Bei Verkehrsregeln sieht jeder sofort ein, dass diese Bundeskompetenz sein müssen. Es wäre schließlich blöd, wenn in Bayern andere Straßenschilder stünden als in Hessen. Anders ist das bei der Ausbildung von Erzieherinnen und Erziehern. Hierfür sind die Länder zuständig, was zur Folge hat, dass es keine einheitliche Ausbildung gibt – und aufgrund der unterschiedlichen Modelle auch keine gesicherte Ausbildungsqualität. Auch wenn es darum geht, wie viele Kinder eine Erzieherin oder ein Erzieher betreuen darf, gibt es deutschlandweit erhebliche Unterschiede. Dabei ist es kein Geheimnis, dass die Betreuungsqualität entscheidend davon abhängt, wie viel Zeit für das einzelne Kind bleibt. Eine bundesgesetzliche Regelung, wie viele Kinder höchstens von einer Person betreut werden dürfen, würde deutschlandweit vielen Kindern helfen.

Doch die Reformblockaden sind schwer aufzubrechen. Die Länder sind mächtig, und auch innerhalb der jeweils regierenden Bundespartei(en) gibt es durchsetzungsfähige Ministerpräsidentinnen und Ministerpräsidenten, die natürlich um ihre Länderhoheit kämpfen. Was das bedeutet, zeigten die Verhandlungen über den Ausbau der Betreuungsangebote für Kinder unter drei Jahren. Eigentlich waren sich alle einig, dass es mehr Kinderbetreuungsplätze geben soll, doch bis zur Verabschiedung des Gesetzes dauerte es Jahre. Es ist das Schicksal der Familienpolitik, dass föderale Kompetenzstreitigkeiten häufig die inhaltlichen Auseinandersetzungen verdrängen.[4] Mit dem ganz großen

Wurf ist deshalb leider so schnell nicht zu rechnen. Trotzdem müssen sich die unterschiedlichen politischen Ebenen endlich zusammenraufen, um wirklich Politik für Familien zu machen.

Familien müssen bei jedem politischen Handeln mitgedacht werden. Natürlich lässt sich Kinderfreundlichkeit nicht gesetzlich verordnen. Auch durch öffentlich finanzierte Plakataktionen und Facebook-Kampagnen wird unser Land nicht plötzlich kinderfreundlicher. Aber die Politik muss Familien schon auf der kleinsten politischen Ebene im Kopf haben, z. B. in der kommunalen Stadt- und Raumplanung, um Kinder zurück ins Alltagsleben zu holen. Auch bei der Vergabe eines öffentlichen Auftrags könnte als Kriterium herangezogen werden, ob es sich um ein familienfreundliches Unternehmen handelt. Gesetze und andere rechtliche Bestimmungen sollten im Vorfeld daraufhin untersucht werden, welche Auswirkungen sie auf Familien haben.

Es gibt keine einfache Leistung für alle Familien. Jede Familie ist anders. Jede braucht andere Unterstützung. Trotzdem sollte Familienpolitik möglichst einfach, transparent und verständlich sein, um Familien und junge Menschen zu erreichen. Vor allem dürfen Familien nicht länger im Kompetenzgerangel unterschiedlicher Ministerien und zwischen Bund und Ländern untergehen. Wir brauchen stattdessen Maßnahmen, die aufeinander abgestimmt sind. Familienpolitik kann so einfach sein wie ein Kinderpuzzle – wenn die Puzzleteile ineinanderpassen.

POLITIK, DIE GERECHT IST

»Es ist so furchtbar ungerecht«, jammerte eine Freundin während der Wohnungssuche in Berlin fast jeden Tag. Wieder hatte eine Hausverwaltung sie angerufen, um ihr mitzuteilen, dass sie leider nicht berücksichtigt werden könne. Dabei hielt sie die Enge in der Dreizimmerwohnung zu fünft schon lange nicht mehr aus. In ihrem Haus war gerade eine größere Wohnung frei geworden. Doch den Vorzug erhielt ein Doppelverdienerpaar, das die Wohnung lediglich als Zweitwohnung nutzen würde. Ohne Kinder. Kaum waren die neuen Nachbarn eingezogen, sagte der Mann zu ihr: »Kinder müsste man haben. Dann könnte ich auch nachmittags in der Sonne auf dem Spielplatz abhängen.«

Niemand hat etwas gegen Gerechtigkeit. Doch Gerechtigkeit ist ein Chamäleon, das sich vor jedem Hintergrund wandelt. Jeder versteht etwas anderes darunter. Sie ist so ungreifbar, dass sie das ideale Wahlversprechen darstellt. Alle sind dafür. Nur für was konkret? Eltern empfinden häufig etwas anderes als gerecht als Nichteltern. Nicht selten heißt das: Das Elternchamäleon fühlt sich aufgrund seiner familienwohlstandsvermampfenden Kinder benachteiligt. Auf dem Arbeitsmarkt, bei der Wohnungssuche, in der Rente. Das Chamäleon der Kinderlosen hingegen fragt sich, was Familien denn noch alles wollen. Die fremde Brut werde durch ihre hohen Steuerzahlungen, die in Kitas, Schulen und Kindergeld fließen, doch bereits reichlich unterstützt. »Gerechtigkeit für Familien« ist als politische Forderung aber nur mehrheitsfähig, wenn möglichst vielen bewusst ist, wie wichtig Kinder für unsere Gesellschaft sind – unabhängig davon, ob sie selbst welche haben oder nicht. Es ist deshalb notwendig, zu verstehen, wie ungerecht unser Staat mit Familien umgeht und welche Folgen das für uns alle hat. Ob wir nun in einer Familie leben oder nicht. Das heißt übersetzt: unsere Sozialsysteme zu verstehen. Niemand, der sich einmal mit unserem Renten-, Pflege- und Krankenversicherungssystem beschäftigt hat, würde jemals wieder ein Kind als Steuergeldverschlucker betrachten, sondern das Milch spuckende Baby als Sozialsystemstabilisator feiern.

Ein Kapitel, in dem es vor allem um Rente geht: Sehr viel interessanter als Sodbrennen oder die Steuererklärung klingt das nicht. Blättern Sie trotzdem nicht direkt zu den Schweinen weiter, sondern trinken Sie eine Weißweinschorle oder meinetwegen auch einen Latte macchiato, um augenzwinkernd dem Elternklischee gerecht zu werden, und nehmen Sie sich die Zeit, um zu verstehen, was in unserem Land schiefläuft. Bereits gecheckt hat es offensichtlich der Bauarbeiter, der mich auf dem Bürgersteig mit dem Kinderbuggy vorließ. »Mein Rentenzahler hat natürlich Vorfahrt«, sagte er.

Es ist verständlich, dass sich fast niemand gerne mit dem Thema Rente beschäftigt. Auf unangenehme Themen hat keiner Lust. Schließlich nimmt bereits ein Drittel der 18- bis 29-Jährigen an, dass sie sich in der Rente finanziell sehr einschränken müssen oder gar nicht zurechtkommen werden.[1] Mehr als drei Viertel der Deutschen haben

Zweifel an der Sicherheit ihrer Rente. Nur 12 Prozent halten ihre Renten für gesichert.[2] Kein Wunder: Ende 2017 betrug die »Nachhaltigkeitsrücklage« der Rentenversicherung 1,59 Monatsausgaben.[3] Würden die aktuellen Beitragszahler beschließen, dass sie keinen Bock mehr auf den Generationenvertrag haben, wäre sehr schnell Schluss mit den Rentenzahlungen. Ein paar Wochen könnten überbrückt werden. Höchstens.

Manche »entziehen« sich dem System schon heute, indem sie auswandern, selbstständig oder Beamter werden (wobei zumindest Beamte gar keine andere Wahl haben). Wenn die übrig gebliebenen Beitragszahler selbst in Rente gehen, werden sie nur dann Zahlungen erhalten, wenn die nachfolgende Generation bereit ist, das Umlagesystem weiterzuführen. Aber selbst wenn sie den Generationenvertrag nicht kündigen, ist bereits heute klar, dass die Rentenbeiträge enorm steigen müssen, während gleichzeitig die Rente sinkt. Wie sollte es auch sonst klappen, wenn schon bald weniger als zwei Arbeitnehmer für einen Rentner aufkommen müssen.[4] Wer aber immer mehr Geld für die Renten der älteren Generation abgeben muss, der kann sich kein zweites, drittes oder gar viertes Kind mehr leisten. Im Moment landen bereits 18,6 Prozent des Gehaltes bei den aktuellen Rentnern. Arbeitgeber und Arbeitnehmer tragen davon jeweils die Hälfte – vorausgesetzt, es gibt überhaupt einen Arbeitgeber. Mit diesen Beiträgen erfüllen wir lediglich die Ansprüche unserer Eltern und zahlen nicht auf ein Rentenkonto ein, von dem wir uns später bedienen könnten. Die Logik, viel einzuzahlen, um später viel herausnehmen zu können, geht deshalb nur begrenzt auf. Wir haben keinen Anspruch gegen den Staat, doch bitte im Ruhestand nach und nach unser Erspartes wieder rauszurücken. Solche Ersparnisse gibt es nicht. Stattdessen haben wir einen Anspruch gegen die Kinder in den Kitas und auf den Schulhöfen unseres Landes, später Teile ihres Einkommens an uns abzugeben.

Um zu verstehen, wieso das Familien gegenüber nicht gerade gerecht ist, müssen wir zurück zu den Ursprüngen unseres Rentensystems. In das Jahr 1957. Damals war Konrad Adenauer Bundeskanzler. Wahlen standen an, und die Opposition drohte aufzuholen, denn die Wiederbewaffnung und die Einführung der Wehrpflicht waren bei den Wählern umstritten. Doch »dem Alten« gelang es trotzdem, für die Union die absolute Mehrheit zu holen – ein bis heute einmaliger Erfolg. Adenauer hatte die Altersarmut zu seinem Thema gemacht und konnte mit einer Reform des Rentensystems die Sozialdemokraten überbieten. Um die Rente stand es damals tatsächlich nicht gut. Die von Otto von Bismarck eingeführte Sozialversicherung war nach dem Zweiten Weltkrieg bereits zum zweiten Mal unter die Räder gekommen. Die Rente beruhte damals (neben einem Staatszuschuss) vor allem auf einem Kapitaldeckungsverfahren. Das heißt, dass jeder Rentner verzinst ungefähr das herausbekommen sollte, was er zuvor eingezahlt hatte. Doch der Kapitalstock überstand die Währungsreformen nach der Hyperinflation 1923 und nach dem Zweiten Weltkrieg nicht. Die Renten mussten durch Steuergelder aufgebessert werden und reichten trotzdem kaum zum Leben. Viele Rentner hatten auch keine Familie, die sie hätte unterstützen können, da ihre Söhne im Krieg geblieben waren.

In dieser Situation entstand das Papier »Existenzsicherung in der industriellen Gesellschaft«. Der Bund Katholischer Unternehmer hatte es beim Kölner Privatdozenten Wilfrid Schreiber in Auftrag gegeben. Schreiber schilderte in dem Papier, wie die Renten künftig finanziert werden könnten. Es sollte keinen Kapitalstock, kein Ansparen mehr geben. Stattdessen hatte er das Bild einer Großfamilie vor Augen, bei der alle füreinander einstehen. Die arbeitende Generation sollte mit ihrem Gehalt sowohl für die Kinder als auch für die Alten sorgen. Ausgestattet mit diesem Papier, erweckte Adenauer den Generationenvertrag zum Leben und führte das Umlageverfahren ein, bei dem die mittlere Generation mit ihren Abgaben die Renten der Senioren finanziert. Aber Adenauer setzte nicht Schreibers gesamten Plan um. Schreiber hatte vorgesehen, dass nicht lediglich zwei Generationen über die Altenrente miteinander verbunden sein sollten. Stattdessen sollten mit den Abgaben der arbeitenden Bevölkerung sowohl Kinder und Jugendliche unter 20 Jahren als auch Alte über 65 unterstützt werden. Die »Kindheits- und Jugendrente« sollte den Lebensunterhalt und die Ausbildung vorfinanzieren und später zurückgezahlt werden. Arbeitnehmer mit vielen Kindern wären von der Rückzahlungspflicht ganz entbunden gewesen. Wer keine Kinder hat, hätte hingegen den doppelten Betrag einzahlen müssen.

Adenauer verzichtete auf die Vorrente für die junge Generation. Zu teuer – und Kinder waren sowieso keine Wähler. Mit ihm kam nur die Altersrente, die ihm viele Wählerstimmen brachte. Mit dem Satz »Kinder kriegen die Leute immer« versuchte der Bundeskanzler, alle Bedenken abzuschmettern. Doch Kinder bekamen »die Leute« eben nicht immer. Der Satz wurde zum Geburtsfehler des Generationenvertrags. Wir haben heute ein System, in dem von Kindern finanziell die profitieren, die keine haben. Es spielt für die Alterssicherung keine Rolle mehr, ob und wie viele Kinder jemand hat. Im Gegenteil sind sogar die bessergestellt, die keine Verantwortung für die nächste Generation übernehmen. Wer keine Kinder hat, hat viel mehr freie Zeit, in der Einkommen erwirtschaftet werden kann. Geld, das auch nicht in den Unterhalt von Kindern fließt, sondern zur Verfügung steht, um Vermögen aufzubauen und Rentenanwartschaften oder Pensionsansprüche zu sammeln.

Für diese Alterssicherung müssen im Umlagesystem aber später die Kinder der anderen aufkommen. Das heutige Rentensystem hat den Zusammenhang zwischen sozialer Sicherung und familiären Beziehungen gänzlich aufgelöst. Wer heute Kinder aufzieht und deshalb beruflich kürzertritt, verdient weniger, gibt mehr aus und erhält am Ende eine niedrigere Rente als die kinderlosen Nachbarn. Die Rentenbeiträge der eigenen Kinder landen nämlich zum Großteil bei den Kinderlosen und Kinderarmen und nicht bei den eigenen Eltern. Damit wurde ein sehr altes System zerstört, das lange das Zusammenleben von Familien geprägt hat. Kinder waren früher eine »Investition« in die eigene Altersvorsorge. Zwar eine ungewisse, aber eine von der im »Ertragsfall« die Eltern selbst profitierten. Finanziell lohnt sich eine Investition in Humankapital für Eltern heute hingegen nicht mehr. Aus monetärer Sicht ist es regelrecht dämlich, Kinder zu bekommen (nicht, dass dies ein Motiv für oder gegen Kinder sein sollte, aber vorzugeben, dass Geld keine Rolle bei der Familiengröße spielt, wäre genauso lebensfremd). Wer aber argumentiert, er habe doch genauso viel in die gesetzliche Rentenversicherung eingezahlt wie Kinderlose (bzw. Kinderreiche) und müsse deshalb genauso viel herausbekommen, verkennt diese Schieflage. Sie ließe sich auch nicht ausgleichen, indem Menschen ohne Kinder privat fürs Alter vorsorgen. Denn ihre eigenen Eltern müssten sie trotzdem versorgen – und dafür sind die aktuellen Rentenbeiträge nun einmal da. Ihre Höhe würde sich nicht ändern.

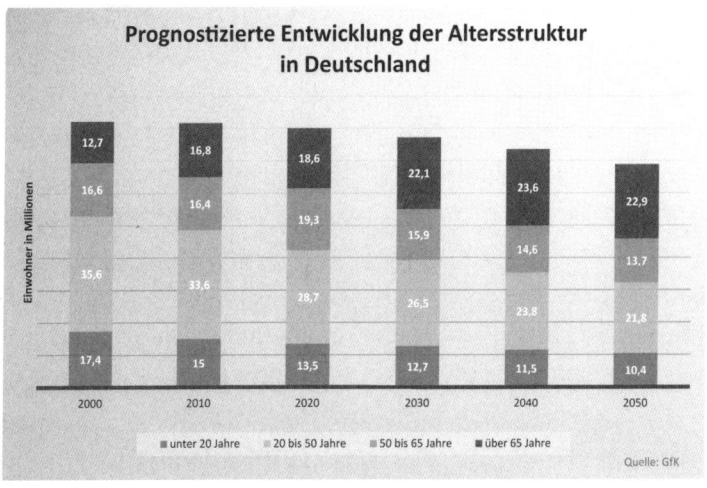

Prognostizierte Entwicklung der Altersstruktur in Deutschland

Quelle: GfK

Wer keine Kinder hat, hat häufig ein Gerechtigkeits-chamäleon auf der Schulter sitzen, das leise flüstert: »Du bekommst kein Elterngeld und kein Kindergeld. Du brauchst keine Kita und keine Lehrer. Wie sozial von dir, all diese Leistungen mitzufinanzieren.« Doch würde sich das Chamäleon mit den nackten Zahlen beschäftigen, stünde ihm ein radikaler Farbwechsel bevor. Es stimmt, dass viele Steuergelder und Abgaben in Familienleistungen fließen (siehe das Kapitel ›Der Staat lässt seine Familien im Stich‹). Trotzdem fällt die Rechnung, wer am Ende vom Sozialstaat profitiert, für die Menschen besser aus, die keine Kinder bekommen haben. Sie ziehen mehr Vorteile aus den Leistungen der Sozialkassen, als sie selbst aufbringen müssen. Bei Eltern ist es anders.[5] Zwar hat der Staat zahlreiche familienpolitische Leistungen im Angebot, aber trotzdem beschert ein Kind der Rentenkasse im Durchschnitt einen Überschuss von 77 000 Euro. Insgesamt übersteigen die Steuern und Sozialbeiträge, die ein Kind im Laufe seines Lebens entrichten wird, die von ihm in Anspruch genommenen Leistungen um 103 400 Euro. Davon profitieren wir alle – doch die Kosten, dieses Kind aufzuziehen, tragen die Eltern nahezu allein. Nur wer nicht für Kinder sorgt, hat ausgesorgt. Die Rentenversicherung ist zu einer Versicherung gegen Kinderlosigkeit geworden. Dies müssen wir im Kopf haben, wenn wir über Familienpolitik und ihre vermeintlichen Wohltaten sprechen. Momentan gleicht der Staat nicht einmal aus, was er den Familien im Rahmen seiner Sicherungssysteme zuvor genommen hat.[6]

Daran würde sich auch nichts ändern, wenn wir noch mehr auf private Vorsorge setzen würden (wobei eine breite Altersvorsorge, die gleichermaßen auf staatliche Regelsicherung, betriebliche Altersversorgung und private Altersvorsorge setzt, durchaus sinnvoll ist). Denn auch dann würde das Ersparte nicht die nächsten 30 Jahre in gut verschlossenen Banktresoren lagern, die mit Rentenbeginn nach und nach geleert werden könnten. Das Geld einer Volkswirtschaft steckt immer im Markt. Die junge Generation muss mit ihren Gütern und Dienstleistungen immer für die ältere Generation aufkommen. Ob und in welchem Verhältnis Renten im Umlagesystem oder über einen Kapitalstock finanziert werden, ändert nichts daran, dass x Erwerbstätige y Rentner zu versorgen haben. Wie wir unsere Altersvorsorge gestalten, spielt dabei keine Rolle. Denn

Kinder braucht es immer. Schlimmstenfalls sitzen die Rentner sonst da mit ihren Immobilien in ländlichen Regionen, die als Altersabsicherung gedacht waren, und finden niemanden, der sie haben will. Die Preise fallen – und ihre Altersvorsorge schwindet.

Der Ökonom und Soziologe Gerhard Mackenroth hat diesen Zusammenhang schon 1952 treffend beschrieben: »Nun gilt der einfache und klare Satz, daß aller Sozialaufwand immer aus dem Volkseinkommen der laufenden Periode gedeckt werden muß. Es gibt gar keine andere Quelle und hat nie eine andere Quelle gegeben, aus der Sozialaufwand fließen könnte, es gibt keine Ansammlung von Fonds, keine Übertragung von Einkommensteilen von Periode zu Periode, kein ›Sparen‹ im privatwirtschaftlichen Sinne, es gibt einfach gar nichts anderes als das laufende Volkseinkommen als Quelle für den Sozialaufwand. Das ist auch nicht eine besondere Tücke oder Ungunst unserer Zeit, die von der Hand in den Mund lebt, sondern das ist immer so gewesen und kann nie anders sein.«[7]

Unsere Generation sitzt, egal, ob Eltern oder Nicht-Eltern oder Noch-Nicht-Eltern, zusammen in einem sinkenden Boot. Wasser schwappt über die Reling und trifft uns auf voller Breitseite. Während wir zu kentern drohen, schippern die alten Schlachtschiffe neben uns – aber denken gar nicht daran, uns aus unserer Seenot zu retten. Das ist verständlich. Denn auf ihrem Seniorenschiffsdeck ist es derzeit noch relativ gemütlich. Berichte über Altersarmut hin oder her: Die meisten Rentner erhalten nicht nur Zahlungen aus der staatlichen Rentenversicherung, sondern konnten sich darüber hinaus ein privates Polster aufbauen. So wohnt etwa die Hälfte der Senioren in eigenen Immobilien.[8] Gar keine private Altersvorsorge haben nur 9 Prozent.[9] »Alte haben gewöhnlich vergessen, dass sie jung gewesen sind, oder sie vergessen, dass sie alt sind, und Junge begreifen nie, dass sie alt werden können«, schrieb Kurt Tucholsky. Wahrscheinlich ist dies einer von vielen Gründen, weshalb sich in der Rentenpolitik nichts bewegt. Das Prinzip »Jung sorgt für Alt« ist grundsätzlich eine gute Sache. Aber die Rente ist Deutschlands teuerste politische Baustelle. Da kann sogar der Flughafen BER einpacken. Mit 91 Milliarden Euro floss 2017 mehr als jeder vierte Euro, den der Bund einnahm, als Zuschuss in die gesetzlichen Rentenkassen. Das sind 66 Prozent des Sozialetats. Schon bald werden die laufenden Kosten der Rentenbaustelle auf 100 Milliarden steigen. Geld, das schmerzlich fehlen wird. Für Bildung, Forschung und Investitionen in unsere Infrastruktur. Damit wir überhaupt noch eine Zukunft haben. Sonst gilt: Rente sich, wer kann!

Um uns zu entlasten, müsste die ältere Generation länger arbeiten. Schon oft wurde über die Verlängerung der Lebensarbeitszeit gesprochen. Doch die Bevölkerung nimmt das niedrige Renteneintrittsalter offensichtlich als Besitzstand wahr. 42 Prozent sind der Ansicht, das reguläre Renteneintrittsalter solle wieder bei 65 Jahren liegen. 38 Prozent finden sogar, dass es noch weiter abgesenkt werden solle, z. B. auf 60 Jahre.[10] In der Folge müssten wir für noch mehr Rentner aufkommen. Wie sollen da noch Zeit und Geld für eigene Kinder bleiben?

Es scheint, als seien alle Sorgen um den Zustand unserer Sozialsysteme vergessen, sobald das Rentnerschiff auf die »Insel des Glückseligenrentenalters« Kurs nimmt. Ganze 75 Prozent stimmten der folgenden Aussage zu: »Wenn jemand 45 Jahre lang gearbeitet hat, hat er sich eine volle Rente verdient. Daher finde ich es in Ordnung, wenn Arbeitnehmer, die besonders lange in die Rentenkasse eingezahlt haben, früher in Rente gehen dürfen als andere, auch wenn das unser Rentensystem belastet.« Lediglich 15 Prozent der Befragten entschieden sich für die zweite zur Auswahl stehende Aussage: »Ich halte die Rente mit 63 für unverantwortlich. Es gibt ohnehin schon immer weniger Beitragszahler, die für immer mehr Rentner aufkommen müssen. Wenn das Rentenalter für viele gesenkt wird, ist unser Rentensystem bald überhaupt nicht mehr in der Lage zu bezahlen.«[11] Das Votum fällt eindeutig zugunsten der privilegierten Mehrheit aus, bestehend aus Rentnern und Kinderlosen.

Von Generationengerechtigkeit und Solidarität mit der jüngeren Generation kann hinsichtlich der Lebensarbeitszeit nicht die Rede sein. Es stimmt, dass manche schon vor dem Rentenalter nicht mehr können, weil sie körperlich sehr hart gearbeitet haben oder nach vielen Berufsjahren ausgebrannt sind. Aber für sie gibt es die Erwerbsminderungsrente. Ansonsten gibt es keinen Grund, staatlich unterstützte »Fluchtrouten« aus dem Erwerbsleben anzubieten. Zumal es sogar sinnvoll sein kann weiterzuarbeiten – und sei es mit reduzierten Arbeitsstunden. Gute Arbeitsbedingungen vorausgesetzt. Dann kann Arbeit Sinnstifter sein, aber auch soziales Umfeld und Tagesstruktur. Schließlich leidet keine Bevölkerungsgruppe häufiger unter Depressionen als Rentner.[12] Im Katalog der Weltgesundheitsorganisation taucht die Rente offiziell als Krankmacher auf.

Zwar wird unser Rentensystem immer wieder angepasst. Aber all die Reformen betreffen die ältere Generation kaum bis gar nicht. Stattdessen sind die Auswirkungen umso größer, je weiter die Rente entfernt ist. Wer 2040 in Rente geht, wird diese zu 100 Prozent versteuern müssen. Wer 2018 in Rente geht, zahlt hingegen nur auf 76 Prozent Steuern. Bis zum Renteneintrittsjahr 2005 waren es sogar nur 50 Prozent. Als Ausgleich zum sinkenden Steuerfreibetrag werden zwar die Beiträge zur privaten Altersvorsorge schrittweise von Steuerzahlungen befreit, um diese attraktiver zu gestalten – aber ist das wirklich intergenerationelle Gerechtigkeit? Was spräche dagegen, die Rente schon heute voll zu versteuern? Außer dem Unmut der Rentnergeneration (und damit vielen Wählerstimmen)? Dabei wären niedrige Renten trotz voller Versteuerung geschützt – denn auf das Existenzminimum muss niemand Steuern zahlen. Was könnte mit den Steuern der Rentner nicht alles für Familien getan werden, die den Fortbestand unseres Rentensystems überhaupt erst ermöglichen? Doch statt die Rentner stärker für unsere Zukunft in Verantwortung zu ziehen, belastet die Politik unsere Generation noch stärker. Die ungerechten Transfersysteme tragen dazu bei, dass selbst Normalverdiener sich überlegen müssen, wie viele Kinder sie sich überhaupt leisten können.

Es soll nicht verschwiegen werden, dass die Rentnergeneration zwar im Durchschnitt sehr wohlhabend ist, aber die Armutsrisikoquote in manchen Gruppen sehr hoch ist. Besonders alleinstehende Frauen sind von Altersarmut bedroht. Bis zum Jahr 2036 wird ihr Anteil von 16,2 auf 27,8 Prozent steigen.[13] Die Gründe dafür sind vielfältig: Familienbedingte Unterbrechungen des Arbeitslebens, Teilzeitbeschäftigungen und nicht sozialversicherungspflichtige Jobs im Niedriglohnsektor spielen eine Rolle.[14] Das

Ergebnis sieht Claudia Jahr für Jahr auf ihrem Rentenbescheid. Das Papier ist eine Abrechnung ihrer Lebensleis-
tung in Euro und Cent. 384 Euro steht dort derzeit. Claudia
ist 53 und lebt mit ihrer Familie in einer kleineren Stadt in
Nordrhein-Westfalen. Trotz ihres Grafikdesignstudiums
hat sie viele Jahre nur auf Minijobbasis im Verkauf gearbeitet. Sie und ihr Mann hielten das für besser vereinbar
mit dem Familienleben. An ihre Rente dachte sie damals
noch nicht. Heute aber sagt sie: »Wenn ich die Umschläge
öffne, bekomme ich Herzrasen und Schweißausbrüche.«

Dass vor allem Mütter wegen der Kindererziehung weniger Rente bekommen, ist auch dem Gesetzgeber aufgefallen. Seit 1986 wird deshalb ein Jahr Kindererziehungszeit
bei der Rente anerkannt (Väter müssen das gesondert mit
Einverständnis der Mütter beantragen). Mittlerweile werden (zumindest für ab 1992 geborene Kinder) drei Jahre
Kindererziehungszeit berücksichtigt. Für Kinder, die vor
1992 geboren wurden, waren es bisher zwei Jahre. Seit 2019
werden 0,5 Rentenpunkte zusätzlich anerkannt. Das klingt
auf den ersten Blick generös und familienfreundlich – ist
es aber nicht. Die »Rentenpunkte für Erziehungszeiten«
sind ein vergiftetes Geschenk. Sie berechnen sich auf Grund-
lage des »Eckrentners«. Dieser Eckrentner ist ein fiktiver
Arbeitnehmer, der stets ein Einkommen in Höhe des Durch-
schnittsentgelts hatte. Im Jahr 2018 also 37 873 Euro. Dafür
bekommt er genau einen Rentenpunkt. Im Osten ist dieser
aktuell 30,65 Euro wert. Im Westen bekäme er dafür sogar
31,99 Euro Rente im Monat. Bei 45 Beitragsjahren mit Durch-
schnittseinkommen hätte der Eckrentner genau 45 Rentenpunkte gesammelt und bekäme dafür fast 1400 Euro Rente.
Wer mehr verdient als der Durchschnitt, bekommt mehr

Rentenpunkte, und bei niedrigerem Gehalt dauert es länger, dieselben Rentenansprüche zu erwerben.

Für jedes nach 1992 geborene Kind erhalten Mütter drei Rentenpunkte. Sie werden also bei der Rente so gestellt, als hätten sie drei Jahre in Höhe des Durchschnittseinkommens verdient und Rentenbeiträge gezahlt. Nach heutigem Wert steigt die Rente damit um ungefähr 90 Euro je Kind. Dieses Geld vermag die erwerbsbiografisch bedingten Einkommenseinbußen von Eltern im Alter aber bei Weitem nicht auszugleichen.[15] Und die Kosten für die höheren Rentenzahlungen tragen nicht etwa die Kinderlosen und Kinderarmen der Rentnergeneration. Die Kosten tragen im Umlageverfahren die Kinder der Väter und vor allem Mütter. Die Profiteure unseres Rentenversicherungssystems, die kein oder nur ein Kind bekamen, werden hingegen kaum zur Finanzierung der »Mütterrente« herangezogen. Die Anerkennung von Erziehungszeiten ist deshalb keine Lösung für das ungerechte Rentensystem. Sie ist Teil des Problems. Abgesehen von ihrer geringen Bedeutung, verteilt sie die Lasten nur innerhalb der Familien selbst. Den Preis zahlen die Kinder. Gerecht gegenüber Familien ist das nicht.[16]

Doch es ist nicht nur die Rente, die ungerecht gegenüber Familien ist. Der Generationenkonflikt erstreckt sich auch auf die Gesundheitsfront. Denn auch unser Krankenversicherungssystem beruht auf einem Generationenvertrag. Ein 80-Jähriger verursacht heute fünf Mal so hohe Gesundheitskosten wie ein 10-Jähriger.[17] Die meisten Kosten fallen in den letzten Lebensjahren an. Die gesetzliche Krankenversicherung ist mittlerweile zu einer »zweiten Rentenversicherung« geworden. Nur ein Teil der Gesundheitsausgaben für die Rentner wird von diesen selbst gedeckt.[18] Es sind die Alten mit ihren Hüft-, Herz- und Knie-OPs, die unser Krankenversicherungssystem belasten. Nicht die Kinder. Nicht die jungen Eltern. Trotz der beitragsfreien Mitversicherung von Kindern und Ehepartnern sind die Beitragszahlungen von Familien relativ hoch. Die Durchschnittsfamilie zahlt mehr Beiträge an die gesetzliche Krankenversicherung, als sie an Leistungen erhält.[19] Familien finanzieren mit ihren Beiträgen also nicht nur die Leistungen für die eigenen Kinder – sondern auch für die Rentnergeneration. Das Problem: Auch Kinderlose werden alt. Und dann müssen wir uns nicht nur um unsere Renten sorgen, sondern auch um unsere Krankenversicherung.

Mehr als 72 Millionen Menschen waren 2017 in der gesetzlichen Krankenversicherung versichert. Davon sind etwas mehr als 16 Millionen mitversicherte Familienangehörige. Der größte Teil, fast drei Viertel, sind Kinder.[20] Das ist gut, und das sollten wir auch so lassen. Die beitragsfreie Mitversicherung ist eine große Errungenschaft dieses Systems. Und nur logisch: Denn Kinder und diejenigen, die sich um sie kümmern, sind die Einzigen, die das System auf Dauer tragen. Genau so, wie das Rentenversicherungssystem ohne Kinder zusammenbrechen würde, würde auch die Krankenversicherung ohne Nachwuchs nicht existieren können. Viel Geld fließt aber auch in Leistungen für mitversicherte Ehepartner. Dabei gibt es kaum gute Gründe, weshalb Ehepartner in jeder Lebensphase kostenfrei mitversichert sein sollten.

Wer sich um Kinder kümmert und deshalb pausiert, sollte gesellschaftlich unterstützt werden. Unbedingt auch bei der Krankenversicherung. Aber wieso tragen wir gemeinsam die Krankheitskosten von Ehefrauen und -männern, die freiwillig nicht arbeiten – ohne in der Zeit für andere zu sorgen? Die beitragsfreie Mitversicherung verstärkt außerdem die Effekte des Ehegattensplittings und trägt zur vermeintlichen Attraktivität von geringfügiger Beschäftigung bei. Mit unseren Beiträgen zur gesetzlichen Krankenversicherung subventionieren wir Minijobs. Angesichts der Auswirkungen auf Familien und vor allem Frauen (siehe das Kapitel ›Politik, die Familien nicht reinredet‹), ist das nicht zu rechtfertigen. Stattdessen sollten wir die beitragsfreie Mitversicherung auf Eltern und andere Menschen, die Sorgeverantwortung übernehmen, beschränken. Derzeit finanzieren Eltern mit ihren Versicherungsbeiträgen das Sabbatical anderer: Kinderloser oder Menschen, deren Kinder längst aus dem Haus sind. Vorausgesetzt, sie sind verheiratet. Wer nicht verheiratet ist, hat Pech gehabt. Selbst wer pausiert, um Kinder zu erziehen, ist ohne Trauschein nicht mitversichert. Eltern, die nicht verheiratet oder getrennt sind, erhalten keine Unterstützung. Wir sollten die Beitragsfreiheit nicht länger daran festmachen, welche formale Beziehung die Elternteile zueinander haben. Sondern nur noch daran, ob jemand (zeitlich begrenzt) Sorge für andere übernimmt. Für Kinder. Aber auch in der Pflege. Wer aus anderen Gründen nicht arbeiten möchte, sollte sich künftig selbst versichern müssen.

Wer Gerechtigkeit für Familien fordert, sagt damit übrigens nichts über Kinderlose. Es gibt gute Gründe, die gegen Kinder sprechen. Genau so, wie es gute Gründe dafür gibt, nur ein Kind zu bekommen. Manchmal ist es einfach das Leben. Manchmal fehlt der richtige Partner oder die richtige Partnerin. Und manchmal klappt es trotz allen medizinischen Fortschritts nicht. Es geht nicht darum, das Leben anderer zu beurteilen. Erst recht steht es dem Staat nicht zu, solch persönliche Entscheidungen, wie die Frage, ob und wie viele Kinder jemand hat, zu bewerten. Als Sozialstaat muss er jedoch regulierend eingreifen, wenn die Belastungen zu groß werden.

Momentan tragen Familien die Kosten für Kinder größtenteils allein. Aber von Kindern profitieren wir alle. Während in den 1950er-Jahren nur 10 Prozent keine Kinder hatten, wird 2060 bereits ein Viertel der Rentner kinderlos sein.[21] Wenn wir jetzt noch die Rentner hinzuzählen, die nur ein Kind haben, wird 2060 ungefähr die Hälfte der Rentner ganz oder teilweise von den Beiträgen leben, die Kinder anderer im Umlageverfahren zahlen. Immer wieder tauchte deshalb der Vorschlag auf, dass Kinderlose einen höheren Beitrag zur Rentenkasse zahlen sollten. Die ehemalige Familienministerin Hannelore Rönsch forderte 1994 zum Beispiel einen Zukunftsbeitrag. Damit wollte sie Kinderlose etwa in Höhe des Solidaritätszuschlages (damals bei 7,5 Prozent) zusätzlich belasten. Dieser wurde jedoch schnell als Strafsteuer diskreditiert. Bei den Renten selbst setzt der Vorschlag an, die Rentenhöhe nach der Kinderzahl zu staffeln. Wer nicht ausreichend Kinder bekommen habe, müsse die Lücke eben privat füllen.[22]

Für die Pflegeversicherung hat das Bundesverfassungsgericht bereits 2001 die Belastung von Familien beanstandet. Es sei mit der Verfassung nicht zu vereinbaren, dass »die Mitglieder der sozialen Pflegeversicherung, die Kinder betreuen und erziehen, bei gleich hohem beitragspflichtigen Einkommen mit einem betragsmäßig gleich hohen Beitrag zur Pflegeversicherung belastet werden wie kinderlose Mitglieder«.[23] Das Gericht wies darauf hin, dass die Belastung der Eltern in deren Erwerbsphase auftrete und deshalb auch in diesem Zeitraum auszugleichen sei: »Der danach zwischen Eltern und kinderlosen Personen vorzunehmende Ausgleich muss allerdings durch Regelungen erfolgen, die die Elterngeneration während der Zeit der Betreuung und Erziehung entlasten, denn die Beiträge, die von der heutigen Kindergeneration später im Erwachsenenalter auch zugunsten kinderloser Versicherter geleistet werden, die dann den pflegenahen Jahrgängen angehören oder pflegebedürftig sind, basieren maßgeblich auf den Erziehungsleistungen ihrer heute versicherungspflichtigen Eltern.«

Es geht nicht darum, Eltern die Kosten für ihre Kinder komplett abzunehmen, denn Eltern sollen (und wollen) Verantwortung für ihre Familien übernehmen. Aber der Staat sollte es Eltern zumindest nicht erschweren, selbst für ihre Kinder sorgen zu können. Momentan kommen rund drei Viertel der staatlichen Einnahmen aus Sozialversicherungsbeiträgen und indirekten Steuern. Familienfreundlich ist das nicht. Denn mit unseren Kindern steigt auch der notwendige Konsum. Die Ausgaben summieren sich schnell: ein Paket Windeln für 7,95 Euro, ein Tragetuch für 59,99 Euro und zwei Schnuller für 6,99 Euro. Der Windeleimer kostet 7,95 Euro und der Autokindersitz 149,95. Immer darin enthalten sind 19 Prozent Mehrwertsteuer. Je niedriger das Einkommen ist und je mehr Familienmitglieder davon leben müssen, desto mehr indirekte Steuern müssen Familien im Verhältnis zahlen. Geld, das anderswo fehlt. Zum Beispiel bei der Wohnungssuche. Wer keine Kinder hat, kann sich leichter eine Wohnung in der Innenstadt leisten. Auch hier sind es häufig wohlhabende Rentner und Kinderlose, die Familien verdrängen.

Auch die Finanzierung unserer staatlichen Sozialversicherungen ist schon in ihrem Kern ungerecht. Denn sie sind nicht von den Kindern aus gedacht, sondern knüpfen an die Erwerbstätigkeit der Eltern an. Seit Otto von Bismarck sind sie lohnarbeitszentriert. Die Beiträge orientieren sich am Arbeitseinkommen. Dieses Arbeitseinkommen ist immer ein Individualeinkommen. Wie viel wir verdienen, hängt nicht davon ab, wie viele Menschen von diesem Einkommen leben müssen. Es spielt keine Rolle, ob wir alleine leben oder ob wir mit unserem Beruf sieben Kinder ernähren. Wenn sich die Sozialversicherungsbeiträge am Arbeitseinkommen orientieren (und andere Einkommensarten häufig unberücksichtigt lassen), dann tragen wir das Prinzip des Marktes weiter in unsere soziale Absicherung. Während bei der Einkommensteuer zumindest das Existenzminimum freigestellt wird, ist dies bei den Beiträgen für die Renten-, Pflege- und Krankenkassen nicht der Fall. Auch Kinderfreibeträge existieren nicht.[24] Gerechtigkeit für Familien sieht anders aus. Insbesondere mit Blick auf die angesichts des demografischen Wandels immer weiter steigenden Beiträge. Wer immer mehr Geld für Rentner aufbringen muss, kann sich immer weniger Kinder leisten.

Wir alle profitieren von Familien. Doch die erheblichen finanziellen, sozialen und kulturellen Einschränkungen müssen Eltern nahezu alleine schultern. Bei der Rente sogar doppelt: zunächst während die Kinder jung sind, später aufgrund niedrigerer Rentenansprüche. Wir müssen als Gesellschaft für alle, die eine Zeit lang Verantwortung für Kinder übernehmen, einen Ausgleich in die Sozialkassen zahlen. Und zwar aus Steuermitteln. Und nicht aus den Sozialkassen selbst (zum Bundeszuschuss und versicherungsfremden Leistungen siehe auch das Kapitel ›Politik, die so einfach ist, wie ein Kinderpuzzle‹). Denn von Kindern profitiert die Gesellschaft insgesamt. Nicht nur die Versichertengemeinschaft. Wenn die Gesellschaft die Beiträge während der Zeit der Kindererziehung übernimmt, entfällt perspektivisch auch die Notwendigkeit einer abgeleiteten Hinterbliebenenversorgung. Wer für Kinder oder andere Sorgetätigkeiten pausiert hat, hätte dann eigene Ansprüche. Wer pausiert, ohne währenddessen Verantwortung für andere zu übernehmen, muss sich hingegen privat absichern.

Das ist keine Bevorteilung von Familien. Im Gegenteil. Der Staat sollte Familien nicht (nur) aufgrund ihrer Hilfsbedürftigkeit unterstützen. Familienpolitik ist keine Umverteilungspolitik. Familienpolitik ist eine Investition in lauter kleine Rohdiamanten in den Babywiegen unserer Republik. Eine Investition in die Zukunft, von der wir alle profitieren werden. Kinder als Investition zu betrachten, hat auch nichts mit einer vermeintlichen »Ökonomisierung« unseres Privatlebens zu tun. Natürlich gibt es sehr viele, sehr schöne Gründe, um Kinder zu bekommen und ihnen viel Zeit zu widmen. Aber bereits der ehemalige Bundesverfassungsrichter Paul Kirchhof wies angesichts der fehlenden Entlohnung von Kindererziehung darauf hin, »warum denn dann nicht die Freude an der Arbeit und die sittliche Pflicht zu arbeiten auch die Entgeltlosigkeit von Unternehmer- und Arbeitnehmertätigkeit begründen kann«.[25] Familien sind die Leistungsträger unserer Sozialversicherungssysteme. Und kein Sozialfall. Wir müssen ihre Leistung auch in den Sozialversicherungen anerkennen. Doch leicht wird das nicht, denn mit Politik für Familien werden keine Wahlen gewonnen. Harald Schmidt beschreibt in seinen ›Handreichungen für die Politkarriere‹, auf welche Wählergruppe sich die Politik stattdessen konzentrieren sollte: »Rentner, Rentner, Rentner. Größte Wählergruppe, finanzstark, staatstreu. Vergessen Sie moderne, junge Frauen in Großstädten.«[26] Und leider hat er recht: Die Bundesrepublik ist eine Rentnerdemokratie. Ein Blick in die Wahlstatistik reicht, um ernüchtert festzustellen, dass die Generation über 60 nicht nur die meisten Wahlberechtigten stellt, sondern auch am fleißigsten zur Wahl geht.

Doch bevor das hier zur Hasstirade auf Rentner wird: Es ist trotz allem kein Kampf der Generationen. Niemand will den Generationenvertrag kündigen – aber wir müssen ihn erneuern, damit Familien überhaupt noch eine Chance haben. In manchen Bereichen klappt das bereits heute sehr gut. Denn neben Geld gibt es noch eine weitere Ressource, die bei Eltern häufig Mangelware ist: Zeit. Und davon haben Großeltern reichlich. Sie sind kein Ersatz für staatliche Betreuungsplätze, aber in den Sommerferien, an Kita-Schließtagen und bei der Dienstreise sind sie eine wertvolle Unterstützung. Fast ein Drittel der Großeltern betreut heute zeitweise Enkel.[27] Danke dafür. Da ihr eure Kinder und Enkel offensichtlich mögt, denkt daran doch bitte auch bei der nächsten Wahl. Denn momentan gilt leider: Je älter wir sind, desto weniger familienfreundlich ist die Politik, die wir uns wünschen. Dasselbe gilt übrigens auch für Kinderlose im Vergleich zu Eltern. Mit steigendem Lebensalter sinkt die Zustimmung zu einer Kindergelderhöhung erheblich.[28] Es ist um 85 Prozent weniger wahrscheinlich, dass ein 65-Jähriger einer Erhöhung des Kindergeldes zustimmt als bei einem 20-Jährigen. Flexiblere Arbeitszeiten für Eltern finden in der Rentnergeneration 50 Prozent weniger Zustimmung. Damit staatliche Leistungen für Familien überhaupt durchsetzbar sind, brauchen wir aber die Solidarität der Rentner und Kinderlosen. Wir brauchen Gerechtigkeitschamäleons in der Farbe Babybrei. Egal, ob Pastinake oder Karotte.

POLITIK, DER KINDER MEHR BEDEUTEN
ALS SCHWEINE

Die Aufzucht eines Schweines ist teuer. Ein Ferkel braucht Futter und einen Stall. Tierarztrechnungen müssen bezahlt werden – genauso wie Energie, Wasser und Versicherungen. Doch im Gegensatz zu Kindern ist die gesellschaftliche Bedeutung von Schweinen gering. Vom Verkauf des Schlachttieres profitiert größtenteils der Züchter.[1] Ganz im Gegensatz zu Kindern. Von Kindern profitieren wir alle als Gesellschaft (siehe das Kapitel ›Politik, die gerecht ist‹). Trotzdem scheinen Schweine dem Staat wichtiger als Kinder. Denn auch Kinder sind teuer: Essen, Kleidung, eine größere Wohnung. Ein Einzelkind kostet bis zur Volljährigkeit durchschnittlich 125 000 Euro.[2] Dabei sind die Kosten für Versicherungen und Vorsorge noch gar nicht berücksichtigt. Genauso wenig wie die Tatsache, dass die meisten Eltern ihre Kinder auch während der Ausbildung und im Studium weiter unterstützen. Zu diesen Unterhaltskosten kommen hohe Ausgaben für die Kinderbetreuung, um weiterhin arbeiten zu können, oder der (teilweise) Verzicht auf das zweite Gehalt. Die Lohneinbußen einer Frau betragen pro Kind etwa 16 Prozent.[3] Und es sind meistens die Mütter, die ihre Arbeitszeit für Kinder reduzieren oder für eine Zeit gar nicht arbeiten. Wer weniger arbeitet, sorgt auch weniger für das Alter vor und hat weniger Chancen auf Karriere. Die durchschnittliche Einkommenslücke gegenüber Kinderlosen summiert sich so auf etwa 50 Prozent.[4]

Kinder gelten in Deutschland als Privatsache. Die für sie gekauften Windeln, Jacken und Schulhefte als Konsum. Dieses Denken hat der Ökonom Friedrich List schon vor fast 180 Jahren kritisiert. »Wer Schweine erzieht«, höhnte List, sei »ein produktives, wer Menschen erzieht, ein unproduktives Mitglied der Gesellschaft«. Nur wer sein Geld anlege, schaffe nach der vorherrschenden wirtschaftswissenschaftlichen Theorie Werte. Wer es hingegen in seine Kinder investiere, zerstöre Werte. Dabei sind Kinder unsere wichtigste Zukunftsressource.

Wir brauchen endlich einen Finanzminister, dem klar ist, dass es ein ziemlich gutes Geschäft für ihn ist, wenn er die besten Kitas baut, motivierte Erzieher finanziert und großartige Nachmittagsangebote an Schulen zur Verfügung stellt. Oder besser noch: Endlich eine Finanzministerin, denn alle Finanzminister seit Gründung der Bundesrepublik waren Männer. Vielleicht sähe die deutsche Familienpolitik dann anders aus. Der Politik muss endlich klar werden, dass jeder Euro, der in Kinder investiert wird, kein nettes Geschenk ist, sondern eine der besten Investitionen, die ein Staat tätigen kann. Und wir Eltern müssen endlich selbstbewusster werden und uns nicht länger als Bittsteller fühlen, wenn wir Entlastung fordern, denn die Wahrheit ist: Ohne uns Familien bräche das ganze Sozial- und Wirtschaftssystem zusammen. Ohne Eltern, die unentgeltlich nachts am Bett ihres kranken Kindes sitzen und vor der Englischklausur Vokabeln abfragen, hätte unser Staat keine Zukunft. Momentan wird die volkswirtschaftliche, politische und soziale Bedeutung von Familien jedoch kaum gewürdigt.

Wenn ein neues Bundeskabinett vereidigt wird, erscheinen alle Ministerien gleichbedeutend. Doch das täuscht. Das heutige Bundesministerium für Familie, Senioren, Frauen und Jugend ist das kleinste aller Ministerien. Es hat wenig Geld (nur 9,585 Milliarden Euro im Jahr 2018), wenige Mitarbeiter und vor allem wenige gesetzliche Kompetenzen. Daran ändert es auch nichts, dass das Familienministerium mit 18,6 Prozent den größten Stellenzuwachs aller Ministerien im Jahr 2019 verzeichnen kann. Selbst wenn es geniale Ideen hätte, um Familien zu unterstützen, könnte jederzeit das Finanzministerium um die Ecke kommen und die Sache wäre mit einem Pressestatement gestorben. »Spannender persönlicher Debattenbeitrag« oder so ähnlich heißt es dann. Und zurück zum Tagesgeschäft. Sollte es dem Familienministerium doch einmal gelingen, dem Finanzministerium Geld abzuluchsen, dann gilt dies als familienpolitischer Erfolg. Aber was bleibt dem Familienministerium auch anderes übrig, außer sich mehr oder minder erfolgreich in die Politik stärkerer Ressorts (wie z. B. des Arbeitsministeriums) einzumischen und immer wieder darauf hinzuweisen, welche Auswirkungen dort getroffene Entscheidungen auf Familien haben?

Damit sich die Lage von Familien wirklich verbessert, brauchen wir das Finanzministerium auf unserer Seite. Es mag zunächst befremdlich klingen, Kinder bzw. Familien in einem Atemzug mit Finanzen zu nennen. Als ob Kinder Produkte wären wie Motoren, Datensätze und Düngemittel – und nicht einfach nur Kinder, die wir altruistisch mit

Liebe überschütten. Doch am Ende nutzt es der Familienpolitik, wenn sie nicht länger als »Gedöns« gilt (so sagte Gerhard Schröder, damals Spitzenkandidat der SPD für die Bundestagswahl 1998, über die spätere Ministerin Christine Bergmann, sie sei »zuständig für Frauen und das ganze andere Gedöns«). Familienpolitik darf sich ökonomischen Argumenten nicht verschließen. Unserem Land fehlen Tausende Kilometer Stromtrassen, um die Energiewende zu meistern, und wenn beim Breitbandausbau nicht sofort sehr viel Geld für schnellere Internetverbindungen in die Hand genommen wird, werden technische Innovationen nicht in Deutschland entstehen können. Doch ein mindestens ebenso wichtiges Investitionsprogramm in die Zukunft unserer Gesellschaft sind Familien.[5] Eine neue Zeitpolitik muss ganz oben auf der politischen Agenda stehen. Uns fehlt eine Steuerpolitik, die effektiv und effizient ausgerichtet ist. Und der Irrglaube, dass jeder Kinder betreuen könne, darf nicht einmal unter Hinterbänklern verbreitet bleiben. Unser Staatshaushalt muss sich komplett neu ausrichten. Es darf nicht noch eine Legislaturperiode ohne familien- und bildungsorientierte Finanzpolitik vergehen. Die Investitionslücke in das Humanvermögen unseres Landes betrug zwischen 1972 und 2000 bereits 2500 Milliarden Euro. Seitdem wächst sie jedes Jahr und wird sich übrigens auch nicht durch Zuwanderung schließen lassen.[6]

Damit unser Staat handlungsfähig bleibt und nicht von der Schuldenlast erdrückt wird, brauchen wir solide öffentliche Finanzen. Einmal je Legislaturperiode legt das Finanzministerium deshalb den Tragfähigkeitsbericht der öffentlichen Finanzen vor. Er ist eine Art »Frühwarnsystem« und zeigt den politischen Handlungsbedarf der nächsten Jahre und Jahrzehnte. Der aktuellste Bericht beschäftigt sich mit der Digitalisierung, den Arbeits- und Finanzmärkten – und eben auch der Familienpolitik. Er warnt vor den Gefahren, die sich daraus ergeben, dass unsere Bevölkerung altert und gleichzeitig immer weniger Personen erwerbstätig sein werden (mehr dazu in dem Kapitel ›Politik, die gerecht ist‹). Immerhin präsentiert der Bericht auch gleich eine Lösung: Die zielgenaue Gestaltung familienbezogener Leistungen könne Wachstum und Beschäftigung in Deutschland weiter verbessern. Investitionen in Schulen und Kitas sind für den Staat zum Beispiel ein lohnendes Geschäft. Zwar belasten einmalige Investitionen den Staatshaushalt genauso wie die laufenden Betriebskosten, aber auf Dauer sinken die Ausgaben für Sozialleistungen und die Einnahmen aus Steuern und Sozialabgaben steigen. Nach 20 Jahren könnten die fiskalischen Nettoeinnahmen bei 10 634 Milliarden Euro liegen.[7] Öffentliche Investitionen in Ganztagseinrichtungen würden zu einem Beschäftigungszuwachs von mindestens 470 000 Vollzeitäquivalenten führen.[8] Ganz besonders profitieren würden hiervon Alleinerziehende und atypisch Beschäftigte.[9]

Trotz der wirtschaftlichen, politischen und sozialen Bedeutung von Kindern ist die deutsche Politik noch immer viel zu wenig auf die Förderung von Familien ausgerichtet. Das Gefühl, dass Kinder dem Staat weniger wert sind als Schweine, kennt Reina Becker nur zu gut. Die Steuerberaterin lebt in Westerstede. Seitdem ihr Mann 2006 verstarb, muss sie die beiden Kinder, damals acht und dreizehn Jahre alt, alleine versorgen. Doch anstatt in dieser schweren Situation stärker vom Staat entlastet zu werden, muss sie plötzlich mehr Steuern zahlen. Schuld daran ist das sogenannte Ehegattensplitting. Denn nun wurde sie nicht mehr als Ehepaar, sondern als Alleinstehende veranlagt. »Obwohl ich vom Fach bin, war ich doch erstaunt, konkret zu sehen, wie viel mehr ich als Witwe mit zwei Kindern im Vergleich zu einem kinderlosen Ehepaar an Steuern zahlen muss«, sagt sie. In Deutschland wird die Ehe günstiger besteuert als die Familie. Eine alleinerziehende Mutter von zwei Kindern wird bei der Einkommensteuer schlechter gestellt als ein kinderloses Paar mit demselben Einkommen. Trotz des schon berücksichtigten Freibetrags für Alleinerziehende (zu den weiteren Nachteilen des Ehegattensplittings siehe das Kapitel ›Politik, die Eltern nicht reinredet‹). Reina Becker rechnet vor: »Bis meine Kinder mit dem Studium fertig sind, werde ich 125 000 Euro mehr bezahlt haben als ein kinderloses Alleinverdienerehepaar. Auch wenn man das Kindergeld dagegenrechnet, sind es immer noch knapp 70 000 Euro, die ich mehr zahle. Ohne Zins und Zinseszins. Meine Kinder sind nicht 70 000 Euro weniger wert als die Kinder von Verheirateten.«

Das Geld, das Alleinerziehenden aufgrund dieser Überbesteuerung fehlt, können sie nicht in die Bildung ihrer Kinder und eine private Altersvorsorge investieren. Selbst Besserverdienende laufen Gefahr, in die Altersarmut zu rutschen. Denn um überhaupt arbeiten zu können, müssen Alleinerziehende einen deutlich größeren Betreuungsbedarf finanzieren und trotzdem bleiben ihre Karriere- und Aufstiegschancen begrenzt. »Natürlich finde ich es richtig, dass ich mehr Steuern zahlen muss als jemand, der schlechter verdient als ich. Aber es ist nicht in Ordnung, wenn ich stärker besteuert werde als jemand, der genauso gut verdient und keine Kinder hat. Ich möchte als Alleinerziehende einfach höchstens genauso besteuert werden wie ein kinderloses Ehepaar«, erklärt Becker und formuliert damit nur eine Minimalforderung.

Doch damit nicht genug: Das deutsche Steuersystem hält noch weitere Ungerechtigkeiten für Familien bereit. Das spüren Eltern bereits, wenn sie die ersten Strampler und Windeln für ihr Baby kaufen. Der Staat ist dann nicht etwa nett und nimmt »nur« 7 Prozent Mehrwertsteuer. Nein, die meisten Babyprodukte werden mit 19 Prozent besteuert. Allein für Windeln geben Eltern im Jahr 635,5 Millionen Euro aus.[10] Darin enthalten sind mehr als 120 Millionen Euro an Steuern. Mit jeder vollgekackten Windel gehen ungefähr 3 Cent an die Kassen von Bund, Ländern und Gemeinden. Geld, das der Staat ohne die pullernden Babys nicht zur Verfügung hätte. Es ist unverständlich, wieso Windeln mit 19 Prozent Mehrwertsteuer belegt sind. Teure Trüffel hingegen, die im Feinkostladen neben dem Drogeriemarkt verkauft werden, mit 7 Prozent. 19 Prozent Mehrwertsteuer auf Windeln, 7 auf Trüffel: Ist das gerecht?

Auch Schweinemäster zahlen, wenn sie Ferkel vom Erzeuger kaufen, nur den niedrigeren Satz von 7 Prozent. Es lässt sich systematisch kaum rechtfertigen, dass Hotelübernachtungen und Hundefutter weniger besteuert werden als Kinderkleidung. Es ist an der Zeit, jede steuerliche Begünstigung kritisch zu hinterfragen, insbesondere mit Blick auf Familien – auch wenn das zum Unmut derer führt, die bisher vom niedrigen Mehrwertsteuersatz profitierten. Das ist vor allem deshalb wichtig, weil indirekte Steuern »familienblind« sind: Sie sind für alle gleich und belasten Familien somit überproportional, denn mit mehr Haushaltsmitgliedern müssen sie einen größeren Teil ihres Einkommens zu Konsumzwecken verwenden. Das Windelproblem setzt sich übrigens fort, wenn die Windel voll ist. Denn dann muss sie in den Müll. Kommen kinderlose Paare in der Regel mit der kleinsten Hausmülltonne aus, muss mit dem ersten Kind sofort eine größere Tonne her. Dabei ließe sich hier mit einfachen Mitteln viel für Familien erreichen: Einige Städte bieten zum Beispiel für Eltern mit Kindern bis zu zwei Jahren eine »Windeltonne« an. Das ist eine größere Mülltonne, die ohne zusätzliche Gebühren bereitgestellt wird. Junge Eltern können so Entsorgungskosten sparen.

Wenn Familien am Ende des Jahres vor ihrer Steuererklärung sitzen, warten neue Ungerechtigkeiten auf sie. Die meisten Eltern wissen noch nicht einmal, dass sie ihre Kinderbetreuungskosten absetzen könnten. Zwar halten 78 Prozent der Eltern von minderjährigen Kindern die Absetzbarkeit für eine gute Regelung, aber weniger als die Hälfte traut sich zu, hierüber näher Auskunft zu geben. Das führt dazu, dass nur 53 Prozent der Familien ihre gezahlten Betreuungskosten steuerlich geltend machen.[11] So viel zum Thema einfache und transparente Förderung von Familien. Immerhin hat der Gesetzgeber 2012 die Absetzbarkeit von Kosten für die Kinderbetreuung vereinfacht. Babysitter, Au-Pair und Kindergarten können jetzt bis zum 14. Lebensjahr eines Kindes als Sonderausgaben (statt wie bisher als Werbungskosten) von der Steuer abgesetzt werden. Es kommt also nicht mehr darauf an, ob die Ausgaben erwerbsbedingt sind oder nicht. Nichts geändert hat sich hingegen bei der Höhe der absetzbaren Kosten. Die Finanzbeamten akzeptieren nach wie vor bis zu zwei Drittel der Kosten, maximal aber nur 4000 Euro je Kind. 4000 Euro decken bei vielen Eltern noch nicht einmal die regulären Kita-Gebühren ab. Zusatzbetreuung an Brückentagen, außerhalb der Öffnungszeiten oder in den Sommerferien wird also gar nicht unterstützt. Wieso sind Geschäftsessen in Nobellokalen in unbegrenzter Höhe absetzbar, aber Kinderbetreuung nicht? Und wieso können getrennt lebende Eltern noch nicht einmal die Fahrtkosten zur Stadt, in der die Kinder leben, steuerlich absetzen?

Auch das Kindergeld hat mit unserem Steuersystem zu tun – selbst wenn wir das auf den ersten Blick nicht sehen. Seit der Einführung 1954 rieselt das Kindergeld gleichmäßig auf alle Kinder herab. Unabhängig von der Höhe des Einkommens ihrer Eltern. Mittlerweile ist das Kindergeld so bekannt wie beliebt. Selbst wenn es abgeschafft werden könnte, würden das gerade einmal 2 Prozent befürworten.[12] Zu Beginn betrug es 25 D-Mark pro Monat, zu zahlen für das dritte und jedes weitere Kind. Insgesamt 22 Mal hat der Bundestag das Kindergeld seitdem erhöht. Noch im Jahr 1990 zahlte der Staat für das erste Kind lediglich 50 D-Mark, inzwischen ist es mehr als sieben Mal so viel: ab dem 1. Juli 2019 für das erste und zweite Kind jeweils 204 Euro, für das dritte Kind 210 Euro und für jedes weitere Kind 235 Euro. Und das wird nicht die letzte Erhöhung gewesen sein.

Eltern wird oft vorgehalten, sie bekämen das Kindergeld und obendrauf noch Vorteile bei der Steuer, den sogenannten Kinderfreibetrag. Aber das stimmt nicht. Kindergeld ist alles andere als ein nettes Geschenk an Familien. Kindergeld ist die Rückerstattung von zu viel gezahlten Steuern. Eltern zahlen nämlich mehr Steuern, als es verfassungsrechtlich erlaubt ist. Das Existenzminimum jedes Menschen muss steuerfrei bleiben. Auch das Existenzminimum von Kindern. Daneben sind bei Kindern die Kosten für den sogenannten »sozio-kulturellen Erziehungsbedarf« sowie für die Betreuung zu berücksichtigen. Mit dem Kindergeld gibt der Staat Eltern nur das zurück, was er ihnen zuvor bei der Steuerzahlung zu Unrecht genommen hat, indem er auch auf das Existenzminimum der Kinder Steuern erhoben hat. Damit erklären sich auch die Minierhöhungen des Kindergeldes alle paar Jahre um 2 bis 3 Euro. Wir müssen uns gar nicht über diese Popelbeträge aufregen, denn sie sollen sowieso keine »großzügige« Familienförderung sein. Die paar Euro sind lediglich das Ergebnis einer rechnerischen Anpassung an das aufgrund höherer Lebenshaltungskosten gestiegene Existenzminimum von Kindern. Nur, damit weiterhin das gesamte Existenzminimum steuerfrei bleibt, bekommen Eltern regelmäßig etwas mehr Kindergeld. Seien wir also nicht weiter dankbar für das Kindergeld, sondern betrachten wir es als das, was es ist: das selbstverständliche Minimum.

Eltern erhalten im Übrigen auch nicht Kindergeld und profitieren zusätzlich von Kinderfreibeträgen. Die meisten Eltern erhalten nur das Kindergeld. Lediglich bei höheren Einkommen wirkt sich der Gesamtfreibetrag für ein Kind (derzeit 7 428 Euro) positiver aus als das Kindergeld. Das wird automatisch vom Finanzamt berechnet und ist bei Familien mit einem Kind ab einem zu versteuernden Jahreseinkommen von etwa 64 000 Euro der Fall.[13] Ist das Familieneinkommen niedriger, ist das Kindergeld höher, als es die steuerliche Entlastung durch die Freibeträge wäre. Das liegt am progressiven Steuersatz, der in Deutschland gilt. Damit erhöht sich der Einkommensteuersatz mit steigendem Einkommen. Ein hohes Einkommen unterliegt einem höheren Einkommensteuersatz als ein niedriges Einkommen. Kinderfreibeträge wirken sich somit umso vorteilhafter aus, je höher das Einkommen und je höher damit der Einkommensteuersatz, der ansonsten angewendet werden würde. Bei niedrigeren Einkommen ist das Kindergeld hingegen sogar höher, als es aufgrund der zurückzuerstattenden Steuern eigentlich sein müsste. Da aber alle Kinder gleich viel Kindergeld bekommen, legt der Staat für sie noch etwas obendrauf. Daraus ergibt sich für die meisten Familien ein Förderanteil im Kindergeld, der als echte Familienförderung verstanden werden kann. Der Förderanteil des Kindergeldes ist umso größer, je niedriger das zu versteuernde Einkommen der Eltern ist. Mit zunehmendem steuerpflichtigen Einkommen schrumpft der Förderanteil und entfällt komplett, sobald es für Familien sinnvoller ist, statt des Kindergeldes den Freibetrag in Anspruch zu nehmen. Mehrverdiener erhalten also im Gegensatz zu den meisten Familien keinen im Kindergeld enthaltenen Förderanteil – sondern müssen lediglich auf das Existenzminimum ihrer Kinder keine Steuern zahlen.

Obwohl Kinderfreibeträge nur das Existenzminimum steuerfrei stellen (und das sogar verfassungsrechtlich notwendig ist),[14] werden sie immer wieder kritisiert. Denn bei Spitzenverdienern mit hohem Einkommensteuersatz ist die monatliche Nettoentlastung, die sich aus den Kinderfreibeträgen ergibt, um rund 100 Euro höher als das Kindergeld. Das bedeutet aber nicht, dass Kinder ärmerer Eltern, die nur das Kindergeld erhalten, dem Staat weniger wert wären. Bei Erwachsenen stellt schließlich auch niemand infrage, dass auf das Existenzminimum keine Steuern erhoben werden dürfen. Bei Kindern hingegen schon.

Das liegt an der unglücklichen Verknüpfung des Kinderfreibetrags mit dem Kindergeld.[15]

Ein einfacher Paragraf im Einkommensteuergesetz, der jederzeit geändert werden könnte, verbindet die beiden miteinander. Nur wegen dieses Paragrafen[16] können Familien nicht mehr erkennen, ob und zu welchem Teil sie mit dem Kindergeld lediglich zu viel gezahlte Steuern zurückerhalten – oder eine echte Familienförderung. Wäre das Kindergeld nicht weiterhin eine (teilweise) Steuerrückerstattung, wäre viel transparenter, in welcher Höhe der Staat Familien unterstützt. Zumal das Kindergeld im Sozialrecht sowieso besser aufgehoben wäre als im Steuerrecht.[17] Denn es ist seltsam, dass der Staat zunächst mehr Steuern erhebt, als er verfassungsrechtlich dürfte, um diese dann in Form einer vermeintlichen Sozialleistung an die Familien zurückzugeben.

Viele Eltern können die Kosten für ihre Kinder jedoch nicht selbst tragen, weil sie nicht oder zu wenig verdienen. Rund 21 Prozent aller Kinder leben über mindestens fünf Jahre dauerhaft oder wiederkehrend in einer Armutslage.[18] Natürlich können wir über die genauen Zahlen streiten – je nachdem, welche Armutsdefinition herangezogen wird – aber selbst bei konservativen Berechnungen ist der Anteil erschreckend hoch. Wenn Sie jetzt geneigt sind weiterzublättern (frei nach dem Motto: »betrifft mich nicht«), sei Ihnen gesagt: Betrifft Sie doch. Es ist alles andere als nur edelmütig, sich um Kinder zu kümmern, die in Armut aufwachsen. Denn Sozialpolitik ist nicht einfach eine moralisch gebotene Unterstützung von Menschen, die in Notlagen geraten sind. Kinder, die in Armut aufwachsen, spüren die Folgen häufig ihr Leben lang: Auch als Erwachsene sind sie öfter ernsthaft krank, verdienen weniger und werden überdurchschnittlich häufig kriminell.[19] Es ist Aufgabe der Politik, allen Menschen (gerade in einer rasant beschleunigten sowie zunehmend digitalisierten und globalisierten Arbeits- und Lebenswelt) die Chance auf ein gutes Leben zu ermöglichen. Doch wie soll das gelingen, wenn schon in der Kindheit so viel verkehrt läuft? Eine frustrierte Unterschicht, die keine Perspektiven für sich sieht, wird auf Dauer wütend. Der ideale Nährboden für ideologische und religiöse Fundamentalisten.[20] Wenn wir uns nicht für alle Kinder interessieren, untergraben wir das Fundament unserer Demokratie. Eine gute Sozialpolitik hält unsere Gesellschaft überhaupt erst zusammen und macht unser Land lebenswert.

Eine simple Strategie gegen Kinderarmut setzt auf Geld. Doch Geld ist nicht gleich Geld: Es kommt darauf an, wie es ausgegeben wird. Ja, wir müssen Kinder, die in Armut aufwachsen, stärker finanziell unterstützen. Denn Chancen sind teuer. Schwimmkurse kosten genauso wie der Sportverein, Musikunterricht und Sprachreisen. Nachhilfestunden kann sich vom Hartz-IV-Satz niemand leisten. Die Kosten werden nur übernommen, wenn die Versetzung gefährdet ist. Seltsamerweise wurde in Deutschland noch nie ein breiter gesellschaftlicher Diskurs darüber geführt, was wir eigentlich als Existenzminimum betrachten. Was gehört mindestens zu einem guten Leben dazu? Und was ist Luxus? Bereits der gemeinsame Kinobesuch einer Familie? Oder ein eigenes Zimmer für jedes Kind? Was braucht es, um gesellschaftlich teilhaben zu können: heute und in Zukunft? Was gehört in einen »Warenkorb«, der alles Notwendige enthält?

Das Kindergeld gehört zu den einfachsten Familienleistungen. Eltern müssen es nur ein einziges Mal beantragen, und dann fließt es zuverlässig Monat für Monat auf ihr Konto. Kein Wunder, dass sich familienpolitische Reformvorschläge häufig um ein höheres Kindergeld drehen. Der Familienlastenausgleich soll damit vereinfacht werden. Er hat zum Ziel, die direkten und indirekten Kosten von Kindern durch staatliche Leistungen zumindest abzufedern. Eine grundsätzlich sympathische Idee ist die Kindergrundsicherung. Sie soll existenzsichernd sein und viele verschiedene Sozialleistungen wie das Kindergeld, den Kinderzuschlag, das Wohngeld und den Unterhaltsvorschuss zusammenfassen, die derzeit einzeln beantragt werden müssen. Eine solche Kindergrundsicherung betrüge mindestens 500 Euro im Monat und wäre zu versteuern. So könnte der Familien-Förderdschungel reduziert werden, Bürokratie würde abgebaut, und die Botschaft an Eltern wäre: »Ihr macht das schon. Wir vertrauen euch. Ihr wisst am besten, wie ihr das Geld für eure Familie einsetzen könnt.« Und dieses Vertrauen wäre durchaus gerechtfertigt, denn die allermeisten Eltern wollen (entgegen jedem Flachbildschirm-Klischee) das Beste für ihre Kinder – und sind bereit, eigene Ansprüche und Bedürfnisse dafür zurückzustellen.[21]

Doch eine solche Kindergrundsicherung wäre teuer. Zu teuer. Mit Blick auf die derzeitigen europarechtlichen Regelungen wäre die Kindergrundsicherung erst recht haushaltspolitischer Selbstmord. Bereits heute zahlen wir entsprechend den EU-Regelungen Kindergeld für Kinder, die im Ausland leben – insofern ein Elternteil in Deutschland legal wohnhaft ist. Im Jahr 2017 wurde für rund 215 000 in anderen EU-Staaten lebende Kinder ausländischer EU-Bürger Kindergeld ausgezahlt. Wäre das Kindergeld deutlich höher, wäre es noch einmal attraktiver, nach Deutschland zu kommen. Ein Vorstoß, die Höhe des Kindergeldes an die Lebenshaltungskosten im Herkunftsland zu koppeln, um die Kosten überschaubar zu halten, ist gescheitert. Mit derzeitigem EU-Recht wäre eine solche Regelung nicht vereinbar.[22] Und eine Änderung des EU-Rechts ist derzeit nicht zu erwarten: Die EU-Kommission beabsichtigt nicht, die einschlägige Richtlinie entsprechend zu ändern. Und wenn wir es ernst meinen mit Europa, dann belassen wir es auch dabei, denn die Freizügigkeit gehört zur europäischen Grundidee. Eine Lösung könnte jedoch sein, dass nicht die Eltern, sondern die Kinder und Jugendlichen selbst anspruchsberechtigt wären. Dann hätten Kinder, die sich außerhalb Deutschlands aufhalten, keinen Anspruch auf die Kindergrundsicherung.[23] Aber selbst dann bliebe die Kindergrundsicherung teuer: Auch wenn man das eingesparte Geld anderer Sozialleistungen und die höheren Steuereinnahmen gegenrechnet und eine mögliche Abschaffung des Ehegattensplittings einkalkuliert, fehlen immer noch viele Milliarden.

Die Frage, wo staatliche Fürsorge aufzuhören hat, ist kaum zu objektivieren. Jede Familie, mit der ich gesprochen habe, vertrat eine andere Meinung. Grundsätzlich hat niemand etwas gegen mehr Geld. Aber sehr häufig fielen Sätze wie: »Mir wäre ja schon geholfen, wenn ich einen guten Betreuungsplatz für mein Kind fände. Mehr Kindergeld bräuchte ich dann nicht.« Finanzmittel, die für eine Kindergrundsicherung ausgegeben werden, träten zwangsläufig in Konkurrenz zu anderen Ausgaben. Jeder Euro, der an einer Stelle verwendet wird, fehlt womöglich an anderer Stelle, wo er besser investiert wäre, zum Beispiel in der Betreuungs- und Bildungspolitik. Das wäre fatal: Denn es sind nicht die immer höheren Sozialleistungen, die unsere Gesellschaft stabilisieren – sondern Investitionen in Bildung. Vor allem Kindern mit Migrationshintergrund gelingt es häufig nicht, sich einen Platz in der Mittelschicht zu erarbeiten.[24] Wir brauchen bessere Kitas und Schulen, die allen Chancen ermöglichen.

Die Erfahrung, dass Bildung Geld kostet, macht Simone jeden Tag. Die 35-Jährige lebt mit ihren Kindern in Görlitz. Ich treffe sie am frühen Nachmittag. Sie hat davor von 18.30 Uhr bis 6.30 Uhr gearbeitet und dann kurz geschlafen. Simone arbeitet im Sicherheitsdienst. Manchmal bis zu 200 Stunden im Monat. Zusätzlich hat sie einen 450-Euro-Job an der Kasse. Weitere 48 Stunden im Monat. Ihre Tochter ist 15 und träumt vom Studium. Ihr 17-jähriger Sohn möchte Erzieher werden und im Kindergarten arbeiten. Simone will ihren Kindern alles ermöglichen. Sie will alles anders machen als ihre Mutter, trotzdem läuft vieles ähnlich: die frühe Mutterschaft, keine Ausbildung und jahrelange Abhängigkeit von den Sozialämtern. Simone will das nicht mehr: »Ich will keine Staatsgelder mehr, deshalb habe ich mir den Zweitjob gesucht. Die Kinder verstehen, wieso ich so viel arbeite. Ich mache es ja für sie.« In Görlitz leben über 40 Prozent der Kinder in Armut.[25] Simone wollte da raus. Sie machte eine Fortbildung zur Fachkraft für Sicherheit und zog dann von Sicherheitsfirma zu Sicherheitsfirma. Immer in der Hoffnung auf eine Festanstellung. Nebenbei kümmert sie sich mit der Hilfe eines Anwalts um die Regulierung ihrer Schulden. Ihr gewalttätiger Ex habe ihr diese hinterlassen, sagt sie und wechselt sofort das Thema: »Ich habe viel über das neue Unterhaltsgesetz gegoogelt. Das wird unser Leben sehr erleichtern. Wir waren noch nie im Urlaub. Die Kinder sind 17 und 15 und können von so etwas nicht reden. Klassenfahrten habe ich immer versucht möglich zu machen, und wir haben von unserem alten Nachbarn einen Garten geschenkt bekommen. Dort können wir jetzt im Sommer sein und Tomaten und Gurken anbauen, aber im Urlaub waren wir noch nie. Das geht jetzt vielleicht.«

Vor einiger Zeit hatte ihr Sohn im Unterricht den Zettel einer Musikschule bekommen. Danach wollten ihre Kinder Violine lernen. Simone googelte erneut. Foren sind ihre Informationsquelle. Sie wusste nicht, wie sie die 30 Euro im Monat hätten aufbringen sollen. Sie las mehrere Abende alles, was sie über das Bildungs- und Teilhabepaket finden konnte. Sie sagt, das sei schwierig gewesen: »Du musst die Anträge abholen oder telefonieren, dass sie die einem zuschicken. Das Ausfüllen ist auch schwierig. Dann musst du damit aufs Amt gehen. Also einen Tag hat das insgesamt bestimmt gedauert.« Am Ende bekam sie 10 Euro Zuschuss. 20 Euro kostete sie der Unterricht noch immer. »Damit gehe ich für ein ganzes Wochenende für uns drei einkaufen«, sagt sie. Es sei alles so ein Papierkrieg. So viele Zettel, die sie alle sechs Monate ausfüllen müsse. Und das Geld reiche trotzdem nicht. 100 Euro gebe es je Schuljahr, aber obwohl sie sehr preisbewusst einkaufe, könne sie damit nicht alle Schulmaterialien bezahlen. Zu lang seien die vorgeschriebenen Einkaufslisten. Für das Schulessen gebe es zwar ausreichend Unterstützung, aber erst im Nachhinein. Es seien schnell 60, 70 Euro, die sie vorstrecken müsse. Um zumindest das Porto zu sparen, bringt sie die Anträge meistens persönlich zum Amt.

Schon lange wird in Deutschland diskutiert, ob Geld- oder Sachleistungen die beste Lösung sind. Empirische Studien existieren kaum. US-Amerikanische Analysen weisen darauf hin, dass Sachleistungen, die sich direkt an die Kinder wenden, wirksamer sind als Geld.[26] Gleichzeitig genießen sie eine höhere Akzeptanz in der Bevölkerung, weil eine missbräuchliche Verwendung des Geldes damit ausgeschlossen ist (selbst wenn es sich dabei nur um ein Klischee handelt).

Dieses Buch ist keines zur Bildungspolitik. Das soll es auch gar nicht sein. Darüber könnten viele, viele weitere Seiten geschrieben werden. Es geht hier nicht um das beste pädagogische Konzept. Es geht lediglich darum, dass uns nicht nur die Bildung unserer eigenen Kinder interessieren sollte, sondern die Bildung aller Kinder. Denn sie sind Teil der Gesellschaft, in der unsere Kinder aufwachsen und leben werden. Kein Kind sollte hungern müssen, weil seine Eltern entweder kein Geld für den Cateringanbieter haben oder sich schlicht nicht kümmern. Kein Kind sollte den Sprung zur höheren Schulform nicht schaffen, weil die Förderungsvoraussetzungen des Bildungs- und Teilhabepakets für Nachhilfe eine Versetzungsgefahr vorsehen. Wenn es lediglich darum geht, dass die Mathenote für das Gymnasium reichen soll: Pech gehabt. Und weshalb sind die Anträge so umfangreich? Die Hürden, Angebote in Anspruch zu nehmen, so hoch? Warum gibt es nicht eine Plastikkarte, mit der Kinder genauso Musikunterricht besuchen wie ein Schulmittagessen bekommen können?

Grundsätzlich ist jeder Versuch, Kinderarmut unabhängig von der finanziellen Lage der Eltern zu betrachten, zum Scheitern verurteilt. Kinderarmut ist immer auch Elternarmut. Es gibt sie nicht für sich alleine. Kinder leben mit anderen Haushaltsmitgliedern zusammen, die ein gemeinsames Schicksal teilen. Wenn die ganze Familie, weil das Geld gerade besonders knapp ist, nur noch Reis und Nudeln isst, dann bekommen auch die Kinder nichts anderes. Wenn sich die Eltern den Freibadeintritt nicht leisten können, dann werden sie auch nicht ihren 6-jährigen Sohn alleine zum Schwimmen schicken. Die Bemühungen müssen also immer auf die ganze Familie ausgerichtet sein. Es ist wenig überraschend, aber wird doch so häufig vergessen: Das beste Mittel gegen Familienarmut ist und bleibt eine Erwerbstätigkeit der Eltern. Eltern, die in guten Berufen unter guten Bedingungen arbeiten können. Alle Maßnahmen, die den Konflikt zwischen Familie und Beruf verringern, sind deutlich effektiver als jeder noch so großzügige Transfer.

Gute Familienpolitik ist nicht gleichzusetzen mit großzügigen Geldgeschenken an Eltern. Im Gegenteil. Gute Politik versetzt Familien in die Lage, für sich selbst sorgen zu können. Erwerbstätigkeit reduziert die Armutsgefährdung von Familien erheblich. Ist in einem Haushalt nur ein Elternteil erwerbstätig, liegt das Armutsrisiko von Kindern bei 20 Prozent. Arbeiten dagegen beide Eltern, dann fällt es auf unter 5 Prozent.[27] Insbesondere für Alleinerziehende ist es wichtig, überhaupt arbeiten zu können. Ihre Armutsrisikoquote liegt je nach Berechnungsmethode bei bis zu 68 Prozent.[28] Kein Wunder: Ist es für sie doch besonders schwierig, den Spagat zwischen den verschiedenen Lebensbereichen ganz alleine zu meistern. Wer Familien wirklich helfen will, der muss dafür sorgen, dass Eltern am Arbeitsmarkt eine Chance haben. Denn staatliche Transfers könnten niemals so effektiv sein wie die Möglichkeit zu arbeiten – und würden im Übrigen sehr schnell sehr teuer.[29]

Doch auch viele Eltern, die arbeiten, können zwar ihren eigenen Lebensunterhalt sichern – nicht aber den ihrer Kinder. Damit sie nicht aufgrund ihrer Kinder hilfebedürftig werden und sich beim Jobcenter melden müssen, gibt es den Kinderzuschlag von der Familienkasse. Er wird gewährt, wenn Eltern finanziell alleine zurechtkämen – aber das Geld nicht für ihre Kinder reicht. Das ist der Fall, wenn das Familieneinkommen inklusive Kindergeld, Kinderzuschlag und eventuell Wohngeld so hoch ist, dass die Familie keinen Anspruch mehr auf Arbeitslosengeld II oder Sozialgeld hätte. Für die Familien hat es viele Vorteile, nicht wegen ihrer Kinder auf das deutlich komplizierter zu beantragende ALG II angewiesen zu sein. Sie müssen weder auf ihre Ersparnisse zurückgreifen noch eventuell eine andere Wohnung suchen. Doch der Kinderzuschlag ist derart wenig bekannt und derart kompliziert zu beantragen, dass weniger als ein Drittel der Berechtigten ihn überhaupt in Anspruch nimmt.[30] Auf der anderen Seite werden rund 66 Prozent der bei der Familienkasse eingereichten Anträge abgelehnt.[31] Kein Wunder, denn es ist für die meisten Eltern nicht durchschaubar, wann der Kinderzuschlag gewährt wird und wie er sich genau berechnet.

Anders als der Kinderzuschlag erreicht das Kindergeld, das nach der einmaligen Beantragung zuverlässig aufs Konto fließt, die Familien immer. Wie wäre es also, den Kinderzuschlag und andere familienpolitische Leistungen mit dem Kindergeld zu verbinden? Es könnte weiterhin ein

einkommensunabhängiges Kindergeld gewährt werden –
und darüber hinaus ein einkommensabhängiger Betrag,
der viele Leistungen zusammenfasst, die bisher kompliziert
zu beantragen sind und viel Aufwand für Familien bedeuten. Das Kindergeld, die SGB-II-Regelsätze für Kinder und
Jugendliche und der Kinderzuschlag würden so zu einem
neuen, transparenten Kindergeld werden.

Die Bearbeitung des Antrags könnte von einem Fami-
lienbüro übernommen werden, das zentraler Ansprechpartner für Familien wäre (siehe das Kapitel ›Politik, die so
einfach ist wie ein Kinderpuzzle‹). Eltern müssten dann
auch nicht mehr den Kinderzuschlag und gegebenenfalls
den Unterhaltsvorschuss bei der Familienkasse beantragen
und sich für das Wohngeld an Stadt, Gemeinde oder Landkreis wenden. Denn auch Wohnsituation und -umgebung
haben Einfluss auf die Lebenschancen von Kindern.[32] Für
Familien wäre es deutlich leichter und transparenter, sich
nur an eine einzige Stelle wenden zu müssen (welche z. B.
die komplizierteren Berechnungen nach der Wohngeld-
formel noch nicht einmal selbst durchführen müsste, sondern weitergeben könnte). Am Ende würden alle profitieren: Die Leistungsträger müssten nicht jeder für sich die
persönlichen und wirtschaftlichen Antragsvoraussetzun-
gen prüfen, und Familien blieben viele Anträge erspart.
Mit pauschalisierten Leistungen würden wir Familien endlich ernst nehmen und ihnen Freiheit und Verantwortung
zurückgeben.

Doch bei jeder familienpolitischen Reform müssen wir
realistisch bleiben: Eine erhebliche Erhöhung der finanziellen Leistungen für Familien ist nicht finanzierbar. Es wären
unsere Kinder, die wir mit neuen Staatsschulden belasten

würden. Zudem ist Geld, wie schon mehrfach erwähnt, nicht alles: Wir brauchen genauso eine neue Zeit- und Infrastrukturpolitik sowie Bildungspolitik. Mindestens aber sollte der Staat den Familien endlich das Geld lassen, das ihnen zusteht. Sowohl im Sozialversicherungsrecht – als auch bei den Steuern. Denn Kinder sollten uns mehr wert sein als Schweine. Würde der Staat mit Züchtern so umgehen wie mit Familien, nähme er ihnen das Schwein und gäbe lediglich ein Nackensteak zurück.

POLITIK, DIE ZUM ECHTEN LEBEN PASST

Während die meisten von uns beim »Gesetz zur Umsetzung der Vierten EU-Geldwäscherichtlinie, zur Ausführung der EU-Geldtransferverordnung und zur Neuorganisation der Zentralstelle für Finanztransaktionsuntersuchungen« über die Frage »Und was hat das jetzt mit mir zu tun?« ein wenig nachdenken müssten, ist das bei familienpolitischen Themen sofort klar. Familienpolitik betrifft uns direkt. All die Gesetze, Rechtsverordnungen und Satzungen haben Einfluss auf unser Leben. Sie bestimmen zwar nicht, mit wem wir am Küchentisch sitzen, aber sie regeln, wie wir über das geteilte Nutellaglas hinaus miteinander rechtlich verbunden sind. Sie schreiben fest, ob eine Mutter, die zu Hause das Nutellabrot erlaubt (übrigens 13 Prozent Haselnussanteil), auch unterschreiben darf, dass ihr Kind in der Kita Haselnusskuchen essen darf.

Als ich für dieses Buch eine Familie in Cottbus besuchte, kam ich im Treppenhaus an einem Türschild vorbei: »Manche Menschen nennen es Chaos. Wir nennen es liebevoll Familie.« Vor der Wohnungstür lag ein großer Schuhhaufen aus Gummistiefeln, Sneakern und Sandalen in diversen Größen. Das Wohnzimmer der Familie würde bei Nichteltern wahrscheinlich besorgte Nachfragen auslösen: »Oh weh, ist bei euch etwa eingebrochen worden?« Eltern, die jeden Morgen die richtige Mütze zum richtigen Kind suchen (und meistens finden), kennen die Antwort: »Nein, wir haben Kinder. Das muss so sein.«

Was für manche Chaos ist, ist für andere Familie. Zu solchen echten Familien, dem gelebten Leben, muss Familienpolitik passen. Aber was bedeutet heute »Familie«? Was hält Familien zusammen außer dem Trauschein oder genetischer Verwandtschaft? Entspricht die Ernährer-Hausfrau-Kind-Hund-Familie noch der gesellschaftlichen Realität? Wie leben Familien stattdessen, und wie wollen sie leben? Wie finanzieren sie sich? Wie teilen sie die Arbeit untereinander auf? Und wird die Politik dem heute überhaupt noch gerecht oder orientiert sie sich zu stark am Familienbild unserer Großeltern und muss deshalb scheitern?

Fest steht jedenfalls: Familie ist kein verstaubtes Konzept. Im Gegenteil, mehr als drei Viertel der Deutschen sagen, die Familie sei für sie das Wichtigste im Leben. Damit liegt die Familie mit großem Abstand vor Freunden (10 Prozent), dem Beruf (6 Prozent) und Hobbys (4 Prozent).[1] Die Beliebtheit der Familie stieg in den vergangenen Jahren. Schon 2006 nannten 76 Prozent die Familie ihren wichtigsten Lebensbereich, heute sind es 79 Prozent. Wahrscheinlich gibt es sogar noch mehr Familienfans, denn es wurden nur Erwachsene und Jugendliche über 16 Jahren nach ihrem »wichtigsten Lebensbereich« befragt.

Je unsicherer die Welt ist, in der wir leben, desto größer wird die Sehnsucht nach einem Rückzugsort. Für viele Menschen ist das die Familie. Neun von zehn Eltern mit minderjährigen Kindern sehen die Familie als eine Gemeinschaft, die in schwierigen Zeiten zusammenhält.[2] 1998 gaben 68 Prozent der Bevölkerung an, dass Familie ihnen ein Gefühl von Sicherheit vermittle. Heute erklären das

Zustimmung zur Aussage: "Die Familie ist für mich der wichtigste Lebensbereich" in Prozent

BEVÖLKERUNG INSGESAMT: 76%, 79%
ELTERN MIT KINDERN UNTER 18 JAHREN: 91%, 93%
KINDERLOSE: 49%, 58%

■ 2006 ■ 2016

Quelle: Allensbacher Archiv, IfD-Umfragen 4297, 11058

79 Prozent.[3] Wenn wir am Sonntag mit Menschen, die wir lieben, im Schlabberpulli auf dem Sofa liegen, dann können wir loslassen. In unseren Familie finden wir häufig Geborgenheit, Verlässlichkeit, Wärme und Nähe. Die Wirtschafts- und Arbeitswelt hingegen verändert sich rasant. Terror und Finanzkrisen vermitteln ein Gefühl der permanenten Bedrohung. Familie ist für viele Menschen ein Gegenpol. Ein fester Halt. Obwohl auch die Familie selbst Streit und Überforderung bedeuten kann. 133 000 Erwachsene wurden 2016 Opfer von häuslicher Gewalt.[4] Knapp ein Drittel der Bevölkerung gibt an, in der Kindheit Gewalt erlebt zu haben.[5] Trotzdem ist die Sehnsucht nach Zugehörigkeit groß. Und sei es nur, um einen Ort zu haben, an den wir Weihnachten »nach Hause« zurückkehren können.

Nur, was genau ist diese »Familie«? Eigentlich eine einfache Frage. Würden wir uns in einem Kindergarten umhören, dann könnte jedes Kind sie beantworten. Und doch birgt die Antwort viel Sprengsatz, denn die Politik kann mit den Mitteln des Rechts und durch finanzielle Anreize Einfluss darauf nehmen, welche Lebensform wir als Familie sehen. Über Rechtssätze lassen sich Erwartungen festlegen und Verhalten steuern.[6] Zwar ist der Familienbegriff im Familienrecht in den vergangenen Jahrzehnten immer weiter geworden, aber noch sind viele Fragen ungeklärt. So, wie sich für mich persönlich die Bedeutung des Wortes »Familie« gewandelt hat, so ist es auch in unserer Gesellschaft geschehen: und zwar, ohne dass die Politik dies zur Kenntnis genommen hätte.

Meine Kindheit verbrachte ich auf einem Bauernhof. Als Kleinkind saß ich mit meinen Geschwistern, Eltern, Großeltern und meiner Urgroßmutter am Mittagstisch. Wir lebten alle unter einem Dach. Mein Familienleben sieht heute anders aus: Ich sitze nicht mehr mit vier Generationen in der Küche, aber dafür sitzen dort andere Menschen, die meine Tochter auf ihrem Weg ins Leben begleiten. Auch wenn ich nicht mit dem Vater meines Kindes zusammen bin, so hat meine Tochter doch zwei Elternteile, die präsent in ihrem Leben sind und beide viel Zeit mit ihr verbringen. Wir sind zwar kein Paar, aber ein Elternpaar. Daneben gibt es die Freundin, die meine Tochter spontan aus der Kita abholen kann. Den Patenonkel, mit dem besten Gespür für Lieblingsbücher. Babysitter, die meine Tochter schon kannten, als sie noch nicht einmal laufen konnte. Andere Kita-Eltern, die sie mit auf den Spielplatz nehmen. Freunde, die es nicht störte, wenn ich meine Tochter mit zur WG-Party genommen habe, und die mir sofort Breiglas und Lätzchen aus der Hand nahmen.

Auf die Frage, wer oder was Familie ist, gab im vergangenen Jahr ein Werbespot für Familien-Telefonkarten folgende Antwort: Die musizierende, bürgerlich eingerichtete Familie zeigte der Kurzfilm genauso wie eine Hippie-Kommune und ein lesbisches Elternpaar. Viele Umfragen, die der Familienfrage nachgegangen sind, kamen zu einem ähnlichen Ergebnis.[7] Paare mit Kindern, egal, ob verheiratet oder nicht, gelten für die überwiegende Mehrheit als Familie. Vor allem jüngere Menschen bis 39 Jahre betrachten auch gleichgeschlechtliche Paare und Alleinerziehende mit Kindern als Familie, denn sie sind längst keine seltene Besonderheit mehr: Der Anteil Alleinerziehender ist in den vergangenen Jahren erheblich gestiegen. In Westdeutschland von 12 auf 18,4 Prozent und in Ostdeutschland sogar von 19 auf 25,7 Prozent. Insgesamt leben in Deutschland rund 1,6 Millionen Alleinerziehende. Viele von ihnen sind allerdings nur vorübergehend alleinerziehend und finden einen neuen Partner.[8]

Familie ist nicht mehr in jedem Fall Vater-Mutter-Kind(er).[9] Stattdessen gibt es Patchworkfamilien, haushaltsübergreifende Stiefkonstellationen und Familien, in denen sich mindestens drei Erwachsene als Eltern verstehen. Und manche entscheiden sich für gemeinsame Elternschaft, ohne je ein Liebespaar gewesen zu sein, das sogenannte Co-Parenting.[10] Es entstehen neue Elternschafts- und Kindschaftskonstellationen, in denen biologische und soziale Elternschaft nicht mehr übereinstimmen. Familien »haben« wir nicht einfach, wir müssen sie »leben«. Das spiegelt sich auch im familienwissenschaftlichen Fachbegriff »doing family« wider.[11] Verantwortung wird nicht mehr ausschließlich innerhalb verwandtschaftlicher Beziehungen übernommen. Stattdessen gewinnen Freundinnen und Freunde oder nachbarschaftliche Beziehungen (z. B. in Mehrgenerationenhäusern) an Bedeutung.

Familie wandelt sich stetig und ist dabei Einflüssen von

Recht, Tradition und gesellschaftlichen Veränderungen ausgesetzt. Die Verfassunggebende Versammlung hat deshalb gar nicht erst versucht, den Familienbegriff zu definieren.[12] Sie wollte vermeiden, Familie als ein bestimmtes Rechtskonstrukt zu verstehen und das vorherrschende Familienbild zu zementieren. Zum Glück gibt es deshalb keinen Artikel 6 Grundgesetz: »So und nicht anders ist eine Familie.« Auch die heutige Familienpolitik sollte Familien nicht in ein Rechtskorsett zwängen, sondern sich an der gelebten Realität orientieren – mag sie auch noch so komplex sein. Wir brauchen einen pragmatischen Familienbegriff, der zwar die Existenz von Kindern voraussetzt, aber bei der Ausgestaltung von Elternschaft viele Möglichkeiten zulässt. »Wo Kinder sind, da ist Familie.« Mit diesen Worten hat der damalige Bundespräsident Horst Köhler das sich wandelnde Familienbild beschrieben.[13] Es gibt nicht DIE Familie. Stattdessen existieren viele verschiedene Familienmodelle – von denen wir im Laufe unseres Lebens vielleicht sogar mehrere durchlaufen. Jede Familie steht ihren besonderen Herausforderungen gegenüber, denen Familienpolitik gerecht werden muss. Dem aktuellen Familienrecht gelingt das nicht. Das ist gefährlich, denn die Politik bekommt auf Dauer ein Problem, wenn sie nicht mit dem übereinstimmt, was gesellschaftlich gelebt und gewollt wird.

Wir dürfen allerdings nicht vergessen, dass bei der Vielfalt an Familienformen zwar leicht der Eindruck entstehen könnte, dass Vater-Mutter-Kind(er) ein Auslaufmodell sei. Aber das Gegenteil ist der Fall: Der überwiegende Teil der volljährigen Bevölkerung, rund 52 Prozent, lebte 2016 mit einem Ehepartner oder einer Ehepartnerin zusammen.[14] Vom Aussterben ist der »homo verheiraticens« nicht bedroht. So wurde 2015 auch die Mehrheit der Kinder, 65 Prozent, in Ehen geboren.[15] Mit rund 70 Prozent wächst der Großteil der Kinder in Deutschland auch nach wie vor bei verheirateten Eltern auf (dies sind allerdings 10 Prozent weniger als 1996). Nur mit Blick auf die Erstgeborenen ist das Bild ein anderes: In Westdeutschland kamen 2015 38,1 Prozent der Kinder nichtehelich zur Welt, in Ostdeutschland sogar 71,4 Prozent.

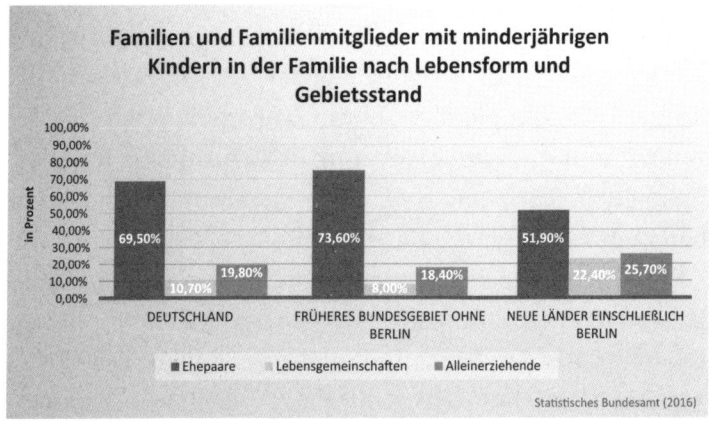

Familien und Familienmitglieder mit minderjährigen Kindern in der Familie nach Lebensform und Gebietsstand

Statistisches Bundesamt (2016)

Auch die eigene Familie ist nichts Stetes, sondern wandelt sich im Laufe des Lebens. Zum Beispiel, wenn eine Beziehung endet: Im Jahr 2016 ließen sich in Deutschland 162 397 Ehepaare scheiden. Bei jeder zweiten Scheidung waren Kinder betroffen (132 000 insgesamt).[16] Die Trennungskinder, deren Eltern nie verheiratet waren, werden gar nicht erfasst. Was als große Liebe begann, landet immer häufiger vor Gericht. Verliebt, verheiratet, verklagt. Nach der Rechtspflegestatistik des Statistischen Bundesamtes hat sich die Zahl der gerichtlichen Umgangsverfahren von 22 727 im Jahr 1997 auf 54 876 im Jahr 2016 fast verdoppelt.

Anders, als viele vermuten, geht es dabei meistens gar nicht um das Sorgerecht (der Satz »Und dann haben sie sich um das Sorgerecht gestritten« ist also fast immer falsch), sondern um Fragen des Umgangs- und Aufenthaltsbestimmungsrechts. Nach der heutigen gesetzlichen Regelung sind in der Regel beide Eltern sorgeberechtigt. Das Sorge- und Umgangsrecht bestehen jeweils unabhängig voneinander und orientieren sich am Kindeswohl.

Nur wenige Gerichtsprozesse sind so emotional wie die Kindschaftssachen. Manche Ex-Partner bekriegen sich regelrecht gegenseitig. Darunter leiden alle, am meisten die Kinder. Die Kämpfe ihrer Eltern landen dann bei den Jugendämtern und durchlaufen im schlimmsten Fall die gerichtlichen Instanzen. Hier einen Konsens zu finden, ist bereits für eine einzelne (Ex-)Familie sehr schwierig. Auf politischer Ebene Regelungen zu finden, erscheint dann als nahezu unlösbare Aufgabe. Um sich in die Kampflinie zwischen streitende Mütter und Väter zu stellen, braucht es Mut. Aber es lohnt sich: nicht nur für die betroffenen Kinder, sondern auch ökonomisch. Hochstrittige Elternschaft kostet uns als Gesellschaft so viel, dass aus fiskalischer Perspektive sogar sehr teure Interventionen sinnvoll sein können, um die Probleme zu mildern.[17] Momentan profitieren (finanziell) jedoch zu viele davon, Sorgerechts- und Umgangsstreitigkeiten möglichst zu eskalieren und in die Länge zu ziehen: Anwältinnen und Gutachter genauso wie Kinderpsychologen.[18] Manche sprechen gar von einer »Streitbewirtschaftungsindustrie«.

Am Ende eines langen Prozesses lautet die Lösung dann fast immer: Einer zahlt, und eine betreut. Das sogenannte Residenzmodell entspricht aber häufig nicht den Wünschen der Eltern: Viele Väter würden auch nach der Trennung gerne mehr Zeit mit ihren Kindern verbringen und sie nicht lediglich jedes zweite Wochenende sehen.[19] Alleinerziehenden Müttern fällt es hingegen häufig sehr schwer, Familie und Beruf zu vereinbaren. Wenn sie überhaupt arbeiten, dann oft nur in Teilzeit[20] – mit allen Konsequenzen für ihre Rentenansprüche. Hallo, (Alters-)Armut! Und auch viele Kinder leiden, wenn sie plötzlich nur noch wenig Kontakt zu einem Elternteil haben.[21] Dabei muss das Ende der Paarbeziehung gar nicht das Ende der gemeinsamen Elternschaft bedeuten. Eine mögliche Alternative ist das Wechselmodell (bzw. die Doppelresidenz). Oft leben die Kinder eine Woche bei ihrer Mutter und eine Woche bei ihrem Vater. Aber auch andere Zeitaufteilungen sind möglich. Natürlich ist es nicht leicht, genau dann, wenn gerade eine Partnerschaft (möglicherweise nach schlimmen Verletzungen und im Streit) auseinandergeht, eine Lösung für die Nachtrennungsfamilie zu finden.[22] Aber Expartner, denen es gelingt, weiterhin gemeinsam Eltern zu sein, profitieren beide davon.[23] Insbesondere für die Entwicklung des Kindes kann ein Bett bei beiden Eltern Vorteile haben.[24]

Mehr als die Hälfte der Trennungseltern fände eine gemeinsame Betreuung durch beide Elternteile gut. 15 Prozent der Familien, in denen sich die Eltern getrennt haben, leben dieses Modell bereits.[25] Jana hat mittlerweile 15 Jahre Erfahrung mit dem Wechselmodell. Als sie sich für das Wechselmodell entschieden hat, musste sie viel Kritik einstecken. Eine Freundin hat den Kontakt zu ihr für viele Jahre ganz abgebrochen. Sie sagte: »So was kann man seinem Kind doch nicht antun.« Jana hatte keine Vorbilder, als sie für eine spannende Stelle bei einem Magazin unter der

Woche nach Berlin pendelte und die Wochenenden in Hamburg mit ihrem Sohn verbrachte. »Wenn die Väter gependelt sind, dann war das total anerkannt. Aber ich als Mutter wurde misstrauisch beäugt. Dabei war das Kind doch nicht alleine, sondern bei seinem Vater und bei meinen Eltern«, sagt sie. Als sie ihren Sohn zusammen mit dem Vater für die Schule angemeldet hat, musste sie eine Meldeadresse angeben. Jana antwortete, das Kind wohne zu 50 Prozent beim Vater und zu 50 Prozent bei ihr. »Aber das Kind muss doch irgendwo wohnen?«, antwortete die Sachbearbeiterin. Jana sagt, ihr sei bewusst, dass Kinder, die in einem Wechselmodell leben, herausgefordert seien. Das sei eine Instabilität, die einem Wesen zugemutet werde. Aber sie habe die Erfahrung gemacht, dass es mit einem stabilen Umfeld gut funktioniere. Es bräuchte ein sehr gutes Betreuungssystem. Auch die Kita müsste ein verlässlicher Ort der Geborgenheit sein und eine bestimmte Qualität haben. Außerdem sei gute Kommunikation wichtig, das erlebe sie gerade bei ihrem zweiten Kind, das auch im Wechselmodell lebt: »Die Exfrau von meinem Exfreund betreut zum Beispiel heute Abend meinen Sohn. Ich habe einen Termin, und der Vater ist in Peking. Es ist wie eine Großfamilie.« Mittlerweile empfindet Jana ihr Lebensmodell als gesellschaftlich mehr akzeptiert als noch vor einigen Jahren. Ein Blick auf die Elternlisten ihrer Kinder zeige ihr, wie viele Familien ebenfalls zwei Adressen angeben.

Ob die Doppelresidenz auch gerichtlich angeordnet werden kann, war lange unklar. Im Jahr 2017 hat der Bundesgerichtshof schließlich klargestellt, dass das Wechselmodell unter bestimmten Voraussetzungen auch gegen den Willen eines Elternteils möglich ist.[26] Zum Regelfall für alle sollte das Wechselmodell aber trotz vieler Vorteile nicht werden. Jede Familie ist anders. Ein Modell für alle Familien passt weder vor noch nach Trennungen. Stattdessen muss weiterhin das Kindeswohl im Vordergrund stehen, das von den Familiengerichten geprüft wird. Hier zählt der Einzelfall. Das konkrete Kind. Die individuelle Familiensituation. Aber das Wechselmodell sollte zumindest eine Möglichkeit sein, die bei jeder Trennung in Betracht gezogen wird. Eine Denkverpflichtung: »Überlegt doch zumindest mal, ob dieses Modell nicht auch zu euch passen könnte.« Am Ende muss dann jede Familie die beste Lösung für sich finden. Ein allgemein gültiges Rezept gibt es nicht. Eine pauschale gesetzliche Regelung wäre deshalb nicht sinnvoll. Warum sollte das Leben nach Trennungen weniger vielfältig sein als das Leben vor Trennungen?

Angesichts der momentanen Rechtssituation können Eltern sich allerdings nicht frei für das Modell entscheiden, das am besten zu ihnen passt. Denn manche Modelle sind in den Gesetzbüchern noch nicht vorgesehen. Die aktuellen Paragrafen helfen Eltern kaum dabei, eine passgenaue Lösung für sich und ihre Kinder zu finden. Stattdessen führen sie häufig selbst zu Konflikten zwischen Ex-Partnern. Wenn wir auch nach einer Trennung andere Betreuungsmodelle als »einer zahlt und eine betreut« ermöglichen wollen, dann muss das Unterhaltsrecht reformiert werden. Dabei sollte berücksichtigt werden, dass das Wechselmodell teurer ist als ein Zuhause (denn einige Anschaffungen für die Kinder müssen doppelt getätigt werden, wenn sie dauerhaft bei beiden Eltern leben). Für eine faire Regelung könnten außerdem die unterschiedlichen Einkünfte der Eltern berücksichtigt werden. Obwohl mittlerweile viele Familien das Wechselmodell leben, ist im Unterhalts-recht noch gar nichts geregelt.[27] Lediglich Gerichtsent-scheidungen weisen erste Wege auf.

Auch andere Rechtsgebiete sind nicht auf Eltern vorbe-reitet, die auch nach einer Trennung Eltern bleiben wol-len. Von Getrenntziehenden haben das Melde- und das Steuerrecht noch nie etwas gehört. Den Freibetrag für Alleinerziehende kann beispielsweise nur ein Elternteil beantragen. Selbst wenn sich beide Eltern gleichermaßen um ihr Kind kümmern und dafür beruflich kürzertreten. Alle gesetzlichen Regelungen sind auf das Residenzmodell ausgelegt. Doch das echte Leben sieht schon heute anders aus. Die Familien, die das Doppelresidenzmodell leben möchten, sollten wir zumindest nicht daran hindern. Der Staat kann zerbrochene Ehen und Beziehungen nicht ret-ten – aber er sollte zumindest nicht verhindern, dass Kin-der viel Kontakt zu beiden Elternteilen haben können, wenn es im konkreten Fall für die Kinder das Beste ist.

Monique lebt mit ihrer Familie in einer kleinen Ge-meinde im Landkreis Havelland in Brandenburg. Ihre älteste Tochter ist neun. Die beiden anderen Kinder (acht und zwölf) hat ihr Mann mit in die Ehe gebracht. Obwohl sie gemeinsam drei Kinder erziehen, arbeiten beide. Ste-phan als Senior Projekt Entwickler in einem Versicherungs-unternehmen, Monique vollzeitnah als Assistentin der Ge-schäftsführung in einer Immobilienfirma.

»Ihr seid aber mutig«, diesen Kommentar hören die bei-den häufig, wenn sie von ihren drei Kindern erzählen. Oder aber auch: »Puh, das muss man sich aber leisten kön-nen.« Leicht gemacht wird es einer großen Familie jeden-falls nicht, findet Monique. Regelmäßig ärgert sie sich, dass bei Wochenendausflügen ins Schwimmbad oder in den Kletterwald der Familientarif auf ein oder zwei Kinder beschränkt ist. »So viele Großfamilien gibt es in Deutschland doch gar nicht. Warum gelten Familien mit mehr als zwei Kindern dann nicht als Familie?«, sagt sie. In Facebook-Gruppen tauscht sie sich mit anderen Eltern aus, um gemeinsam Beschwerdebriefe zu schreiben. Vergünstigte Familientarife, auch für Großfamilien, sollten im öffentlichen Nahverkehr genauso selbstverständlich sein wie in der Stadtbibliothek und kommunalen Musikschule. Denn jedes Mal, wenn Familien mit drei, vier, fünf oder mehr Kindern an der Kasse stehen, und nicht als Familie zählen, ist die Botschaft: Ihr seid nicht normal. Genauso gut könnte hier ein rosa Elefant stehen und versuchen, mit einem Familienticket ins Freibad zu kommen. Auch im Mutterpass vom Frauenarzt ist lediglich Platz für genau zwei Schwangerschaften. Wenig überraschend haben kinderreiche Familien einen schlechten Ruf. 72 Prozent sind der Ansicht, dass Großfamilien als asozial gelten.[28] Kein Wunder, dass es eine große Angst vor Stigmatisierung gibt[29]: spätestens, wenn nicht mehr alle Kinder in einen Kleinwagen passen.

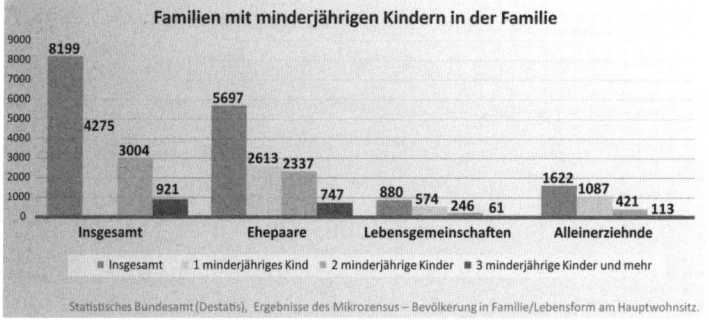

Familien mit minderjährigen Kindern in der Familie

Statistisches Bundesamt (Destatis), Ergebnisse des Mikrozensus – Bevölkerung in Familie/Lebensform am Hauptwohnsitz.

Dabei gaben in der gleichen Umfrage nur 8 Prozent an, dass sie persönlich negativ über Kinderreiche denken.

In mehr als der Hälfte aller Familien wächst nur ein Kind auf. Kinderreiche Familien hingegen sind selten geworden: 68 Prozent des Geburtenrückgangs lassen sich mit der prozentualen Zunahme der Ein- und Zwei-Kind-Familien erklären. Nur 26 Prozent gehen auf den deutlichen Anstieg der Kinderlosigkeit zurück.[30] Doch die Familienpolitik hat hauptsächlich potenzielle Eltern im Blick, die bisher noch kein Kind haben. Eltern, die bereits zwei Kinder haben, werden kaum zu einem dritten oder gar vierten ermutigt. Dabei haben sie zum Beispiel große Probleme auf dem Wohnungsmarkt, denn mehr als vier Zimmer sind selten. Ein Drittel der Drei-Kind-Familien ist mit der Größe ihrer Wohnung unzufrieden.[31] Und je mehr Kinder in einem Haushalt leben, desto schwieriger lässt sich das Familienleben mit einer Berufstätigkeit verbinden. In Familien mit vier und mehr Kindern arbeitet meistens ein Elternteil Vollzeit, während der andere Elternteil nicht erwerbstätig ist (44,9 Prozent der Elternpaare). Das Modell Vollzeit/Teilzeit leben 26,2 Prozent der Großfamilien.[32] »Vereinbarkeit« ist mit zunehmender Kinderzahl nur noch schwer möglich. Gerade bei Kinderreichen verstärken sich deshalb all die strukturellen Benachteiligungen unseres Steuer-, Sozial- und Rentensystems gegenüber Familien (siehe das Kapitel ›Politik, die gerecht ist‹). Es ist kein Zufall, dass die Geburtenraten in der Mittelschicht am niedrigsten sind.[33] Das Einkommen ist zu hoch, um Transferleistungen zu beziehen, aber zu niedrig, um sich mehr als ein oder zwei Kinder ohne starke Einschränkungen leisten zu können. Politik muss deshalb gerade auch die finanzielle Situation der

Durchschnittsfamilie im Blick behalten. Wie auch immer unsere persönliche Familienplanung am Ende aussieht: An rosa Elefanten in einer zu kleinen Wohnung sollte es nicht scheitern müssen.

Eine noch größere Herausforderung im Alltag ist für Monique und Stephan jedoch, dass sie nicht die leiblichen und rechtlichen Eltern aller drei Kinder sind. Als das Paar zusammenzog und schließlich heiratete, brachten beide Kinder mit in die Beziehung. Als Familie mussten sie erst einmal neu zusammenfinden, Aufgaben und Verantwortungsbereiche untereinander aufteilen. Heute kümmert sich Monique um Hausaufgaben, Klausurvorbereitungen und Arzttermine aller Kinder. Doch dabei stößt sie immer wieder auf Hindernisse, denn als Stiefmutter ist ihr rechtlicher Status gegenüber den Kindern häufig unklar.[34] Heikel waren am Anfang zum Beispiel Besuche beim Kinderarzt: Als Stiefmutter durfte sie nicht über die Impfungen der Kinder entscheiden, die sie zwar erzieht, die aber nicht ihren Nachnamen tragen. Das Problem löste Monique, indem sie eine Vollmacht der leiblichen Eltern der Kinder vorlegte. Ein gängiges Vorgehen in Patchworkfamilien. Mittlerweile führt Monique ein ganzes Bündel an Papieren mit sich: Vollmachten, Geburtsurkunden, Personalausweiskopien. Denn andernfalls dürften nicht einmal die Lehrer mit ihr über die Schulleistungen der Kinder sprechen: mit ihr, die jeden Nachmittag mit den Kindern am Küchentisch Hausaufgaben macht. Bei Patchworkfamilien hinken die rechtlichen Regelungen der Realität hinterher.[35] »Mir hätte eine Art ›Serviceheft für Patchworkfamilien‹ damals sehr geholfen. Ich habe erst sehr aufwendig recherchieren müssen, wie wir das mit den Entscheidungskompetenzen rund um die Kinder lösen können«, sagt Monique. Dabei seien Patchworkfamilien doch sehr häufig (sei es als Stiefvater oder -mutterkonstellation oder wie bei den beiden als zusammengesetzte Stieffamilie[36]) – und trotzdem gebe es keinen Leitfaden, wie mit den rechtlichen Problemen umzugehen ist.

Mit einer Bevollmächtigung, wie sie Monique mittlerweile hat, können zwar einzelne Teile des Sorgerechts übertragen werden. Die einzige Möglichkeit, um als Stiefelternteil das volle Sorgerecht zu bekommen, ist derzeit jedoch die Adoption. Damit erlöschen sämtliche verwandtschaftlichen Beziehungen zum leiblichen Elternteil und dessen Familie, also z. B. auch zu den leiblichen Großeltern. Für die meisten Patchworkfamilien kommt diese Lösung deshalb nicht infrage. Eine andere Möglichkeit, um zumindest in Alltagsangelegenheiten entscheidungsbefugt zu sein, ist das »kleine Sorgerecht«.[37] Es umfasst Fragen des Taschengeldes genauso wie Absprachen, wann das Kind nach Hause kommen soll. Der Stiefelternteil muss hierfür mit dem leiblichen Elternteil zusammenleben, der das alleinige Sorgerecht hat und bereit ist, Entscheidungskompetenzen auf den Partner zu übertragen. Die Regelung des kleinen Sorgerechts wird der Realität jedoch kaum gerecht: Denn nach einer Scheidung oder Trennung steht fast immer beiden Eltern das gemeinsame Sorgerecht zu. Die Alleinsorge, die Bedingung für das kleine Sorgerecht ist, kommt kaum vor. Eine Ausweitung des kleinen Sorgerechts würde den Alltag von Patchworkfamilien sehr vereinfachen.[38] Die rechtliche Situation von Stiefeltern wäre klarer, wenn ihnen das kleine Sorgerecht auch dann ermöglicht würde, wenn die beiden rechtlichen Eltern das gemeinsame Sorgerecht haben. Die

Politik hat hier einen großen Regelungsspielraum, den sie bisher kaum ausgenutzt hat. Dabei würden Kinder, Eltern, Arztpraxen, Schulen und viele andere davon profitieren, wenn der Alltag als Patchworkfamilie leichter wäre.[39] Derzeit könnte Moniques Stieftochter ihr abends mit gutem Recht vorhalten: »Du darfst mir nicht vorschreiben, wann ich schlafen muss. Ich lese noch weiter.«

Monique und Stephan spüren nicht nur in Sorgerechtsfragen, dass sie keine klassische Familie sind, obwohl sie als verheiratete Eltern mit drei Kindern zusammenleben. Ihre drei Kinder haben zwar alle denselben Wohnsitz, trotzdem galten sie bei der Berechnung der Kita-Gebühren nicht als Geschwister. Es gab deshalb keinen Geschwisterbonus. Normalerweise wären die Kita-Gebühren geringer, wenn Bruder oder Schwester dazukommen. Doch offiziell sind ihre Kinder nicht miteinander verwandt. Im Recht gibt es keine »Stiefgeschwister«. Juristisch besteht keine Bindung zwischen den Kindern, die Eltern aus früheren Beziehungen mit in die Patchworkfamilien einbringen. Sie sind wie Fremde. »Die Kinder haben so ein enges Verhältnis, das sind wirklich Geschwister. Die verstehen das nicht«, sagt Monique. Es ist auch schwer zu erklären, weshalb Kinder, die miteinander aufwachsen und Zimmer, Spielzeug und Elternliebe teilen, bei den Kita-Gebühren plötzlich nicht mehr als Geschwister gelten.

Wenn eines der Kinder krank war, hatte Monique erst recht ein Problem. Krankengeld, um sich zu Hause um das fiebernde Kind zu kümmern, erhält ein Stiefelternteil nur, wenn es den überwiegenden Unterhalt für das Kind leistet. Wenn aber der leibliche Elternteil mehr verdient als der ebenfalls berufstätige Stiefelternteil, dann besteht kein An-

spruch auf Krankengeld (dasselbe gilt übrigens für die beitragsfreie Mitversicherung des Stiefkindes[40]). Nur der leibliche Elternteil könnte dann das Krankengeld in Anspruch
nehmen, also Moniques Mann. Monique hingegen kann
kein Krankengeld beantragen, obwohl sie mit den Kindern
zusammenlebt, zu Ärzten fährt und Wadenwickel macht.
Mittlerweile hat sie zwar eine Lösung mit ihrem Arbeitgeber gefunden, aber als fair empfindet sie die gesetzliche
Regelung dennoch nicht. Für ihre Kinder spielt es keine
Rolle, wer den größten Teil des finanziellen Unterhalts für
sie trägt. Wenn sie Fieber haben, brauchen sie die Aufmerksamkeit einer liebevollen Bezugsperson.

Viele Familien müssen für sich selbst definieren, was sie
unter Verwandtschaft verstehen und wie sie diese leben
wollen. Trennungen, Todesfälle, neue Beziehungen und
Ehen führen zu immer neuen Familienkonstellationen.
Doch auch wir als Gesellschaft müssen darüber nachdenken, wie wir gelebter Elternschaft, dem echten Leben, gerecht werden können.[41] Die politische Diskussion wird
sicherlich nicht einfach, denn die Interessen von den verschiedenen Eltern (sozialen wie biologischen) und deren
Kindern sind nicht immer deckungsgleich und schwierig in
einen Ausgleich zu bringen.[42] Trotzdem dürfte es sich am
Ende für alle lohnen, zumindest den Alltag dieser Familien
zu erleichtern.

Das Gefühl, rechtlich nicht vorgesehen zu sein, kennen
auch Helen und Melanie. Dabei waren die beiden sogar bei
einem Familienanwalt, um herauszufinden, ob es nicht doch
eine Lösung für ihr Familienmodell geben könnte. Das Paar
lebt mit seinem zweijährigen Sohn in München. Sie sind
eine Familie, wie sie auf den ersten Blick nicht bürgerlicher

sein könnte. Während Melanie auf der Terrasse einen Kaffee trinkt, hüpft ihr Sohn mit Freunden auf dem großen Trampolin im Garten. Ihre Frau Helen ist noch nicht zu Hause, sondern muss noch etwas im Krankenhaus bleiben. Sie arbeitet dort auf einer 70-Prozent-Stelle als Leitende Oberärztin. Auch Melanie arbeitet, sogar Vollzeit und als Vice President Europe bei einem Handelsunternehmen. Aber ihr Unternehmen ermöglicht ihr, abgesehen von den Dienstreisen, fast immer im Home Office zu arbeiten. Es ist deshalb meistens sie, die das gemeinsame Kind nachmittags aus der Kita holt, um sich abends noch einmal an den Schreibtisch zu setzen. Die Familienfotos und Kinderzeichnungen im Hausflur zeigen Mama, Mama und Kind. Ein Wunschkind, das sie mithilfe eines Samenspenders bekommen haben. Der Vater sieht seinen Sohn einmal in der Woche und hat ihn darüber hinaus ein Wochenende im Monat. Melanie sagt: »Das Modell ist zwar zwischenmenschlich am schwierigsten, aber uns war wichtig, dass es einen Vater gibt.«

Aber weil es diesen Vater gibt, kann Melanie, die »nur« soziale Mutter und nicht leibliche Mutter des Kindes ist, rechtlich nicht seine Mama sein. Mama, Mama, Papa und Kind sehen unsere Gesetze nicht als Familie vor. »Wenn jemand fragt, ob ich ein Kind habe, sage ich natürlich immer Ja. Werde ich hingegen bei Ämtern oder für Personalbögen gefragt ›Haben Sie ein Kind?‹, muss ich mit Nein antworten. Dabei fühle ich mich als Mutter«, sagt Melanie. Als sie letztens in den Urlaub geflogen sind, hatte Melanie ihren Sohn auf dem Arm. An der Kontrolle wurde sie gefragt, ob sie die Mutter des Kindes sei, was sie verneinen musste – und wurde dann natürlich nicht durchgelassen. Noch versteht ihr Sohn es nicht. Aber wenn er älter wird, muss er sich fragen, wieso die Mami sagt, dass sie nicht die Mami sei. Und Melanie fragt sich schon heute, weshalb sie als Mutter, die am meisten Zeit mit dem Kind verbringt, im Kindergarten nicht einmal unterschreiben darf, dass ihr Sohn einen Haselnusskuchen essen oder an einem Ausflug teilnehmen darf. Welche Konfession ihr Kind habe, sei ihr egal, sagt Melanie, das müsse sie nicht mitbestimmen. Aber was ist, wenn Helen etwas passiert? Es gibt keine rechtliche Möglichkeit zu regeln, dass der gemeinsame Sohn dann bei Melanie bleiben kann. »Und wenn ich irgendwann sterbe, dann hat mein Sohn kein Erbrecht. Er ist bei den Steuern voll belastbar und hat keinen Freibetrag. Wenn ich jetzt auch noch ein Kind bekomme, das dann auch rechtlich mein Kind ist, wäre die Situation nie fair. So etwas kann ziemlich böse enden«, sagt Melanie.

Es sind viele Konstellationen denkbar, in denen ein Kind mehr als zwei Eltern hat: Wie bei Helen und Melanie kann es eine leibliche und eine soziale Mutter sowie einen Samenspender geben. Hinzu kommt manchmal noch dessen Lebenspartner, wenn sich zwei homosexuelle Paare für die gemeinsame Elternschaft entscheiden. Auch bei heterosexuellen Paaren kann es Familien geben, die zum Beispiel aus der leiblichen Mutter, ihrem Ehemann und einem Samenspender bestehen. Genetische, rechtliche und soziale Elternschaft sind nicht mehr zwangsläufig dasselbe.[43] Doch vom Elternstatus ist abhängig, von wem ein Kind Unterhalt bekommt (und an wen es später eventuell Unterhalt zahlen muss) und wen es beerben wird. Auch Fragen des Namens und der Staatsangehörigkeit hängen davon ab, wer die rechtlichen Eltern sind. Unsere Gesetze sind auf die Vielfalt der heutigen Familienkonstellationen genauso wenig vorbereitet wie auf den Fortschritt in der Reproduktionsmedizin. Leihmutterschaft, Eizellen- und Samenspende stellen das Abstammungsrecht vor große Herausforderungen. Auch wenn es in Deutschland (anders als in den USA und manchen europäischen Ländern) rechtlich nicht zulässig ist, ein Kind durch eine Leihmutter austragen zu lassen, wären dem gegenüber 55 Prozent der Bevölkerung aufgeschlossen. 69 Prozent haben kein Problem mit Eizellenspenden. Bei Samenspenden liegt der Anteil ähnlich hoch. Für sich selbst können sich das aber nur jeweils 15 Prozent der Befragten vorstellen.[44]

Die vermeintlich einfache Frage, wer Mutter und wer Vater eines Kindes ist, ist heute wieder schwierig. Das Abstammungsrecht ist ein sehr emotionales Thema, denn es berührt die Grundfragen unseres gesellschaftlichen Zusammenlebens. Einige Fälle landen vor den Gerichten, die gezwungen werden, über Fragen nachzudenken, die eigentlich der Gesetzgeber regeln müsste – zum Beispiel, wie wir auf die neuen Elternschafts- und Kindschaftskonstellationen reagieren sollen.[45] Denn eines ist klar: Wegbeschließen kann diese Familienformen niemand, denn es gibt sie bereits. Wir sollten uns also der Realität stellen und darüber nachdenken, einzelne Bereiche der Elternverantwortung (nicht jedoch die ganze, denn das wäre auch verfassungsrechtlich problematisch) auf mehr als zwei Menschen zu verteilen.[46]

Chaos ist Leben. Und Leben ist Chaos. Die Rechtsetzungsaufträge mögen anspruchsvoll sein. Aber wir brauchen eine Politik, die zum echten Leben passt und in der Mütter ihren Kindern erlauben dürfen, Haselnusskuchen zu essen.

POLITIK, DIE IHRE HAUSAUFGABEN MACHT

»Stress mit den Hausaufgaben? Lassen Sie Ihr Kind mitentscheiden, wann und in welcher Reihenfolge es seine Hausaufgaben machen will.« So oder so ähnlich steht es in vielen
Eltern-Ratgebern. »Stress mit der Familienpolitik? Lassen
Sie die Eltern mitentscheiden, wie sie leben wollen«, könnte
das übertragen auf die Regierung heißen. Nicht nur über
die Frage, was überhaupt Familie ist, existieren innerhalb
einer Gesellschaft Vorstellungen, die von vielen Menschen
geteilt werden. Auch davon, wie das Leben dieser Familien
im vermeintlichen Regelfall aussieht, haben viele ein ge-
naues Bild. Zum Beispiel über die Zahl der Kinder, die
Arbeitsteilung zwischen den Eltern und die Erziehung. Von
Erich Kästners ›Doppeltem Lottchen‹ bis zur Patchworkfamilie im Kinofilm ›Kokowääh‹: Werbung, Filme und
Bücher prägen unser Familienleitbild genauso wie unser
direktes Umfeld. Nicht zuletzt haben die Gesetzgebung und
die Rechtsprechung Einfluss auf unser Bild von Familie.
Auf das Leitbild der gesamten Gesellschaft sollte es in der
Familienpolitik aber gar nicht ankommen. Familienpolitik
ist in den Ländern am erfolgreichsten, in denen sie die
Lebensvorstellungen der jungen Generation berücksichtigt.[1] Familienpolitik wird schließlich nicht für Großeltern
gemacht, sondern für junge Menschen, die bereits Kinder
haben oder in den nächsten Jahren (möglicherweise) haben

werden. Familienpolitische Maßnahmen betreffen die junge Generation – nicht die Mehrheit der Bevölkerung, die ihre Familienphase bereits hinter sich hat (und die teilweise nicht flexibel genug ist, um zu erkennen, dass ihr Lebensmodell zwar gut für sie gewesen sein mag, aber nicht das einzig richtige ist).

Wenn wir uns ansehen, woher wir kommen, dann hat das Familienrecht bereits eine enorme Entwicklung zurückgelegt. Am 1. Januar 1900 trat das Bürgerliche Gesetzbuch in Kraft – und mit ihm ein Familienrecht, das klar regelte, wem in der Familie welche Rolle zugeschrieben war. Wie aus einem anderen Universum erscheint der damalige Paragraf 1354: »Dem Manne steht die Entscheidung in allen das gemeinschaftliche eheliche Leben betreffenden Angelegenheiten zu; er bestimmt insbesondere Wohnort und Wohnung.« Die Frau hatte den Haushalt zu führen. Bei den Finanzen stand ihr kein Mitspracherecht zu. Erwerbstätig durfte sie nur sein, wenn ihr Mann es gestattete. Arbeitsverträge seiner Frau konnte er auch gegen ihren Willen kündigen. Heute wäre es zum Glück undenkbar, dass plötzlich ein Ehemann in der Personalabteilung auftaucht, um zu erklären, dass seine Frau ab morgen leider nicht mehr die Entwicklungsabteilung leiten könne, weil sie versäumt habe, den Kühlschrank zu füllen.

Hinter diesem Familienrecht stand das Leitbild der bürgerlichen Kleinfamilie,[2] bestehend aus zwei leiblichen, verheirateten Eltern und ihren Kindern. Dem Mann fiel dabei traditionell die Ernährerrolle zu, wohingegen die Frau für Haushalt und Kinder verantwortlich war. Dieses Modell hielt sich lange zäh – wobei es einen großen Unterschied zwischen Ost- und Westdeutschland gab. In den neuen

Bundesländern war es selbstverständlich, dass die Mutter berufstätig war. Heute hat die Relevanz des traditionellen Leitbildes abgenommen. Die Ehe ist nicht mehr verbindlich. Nicht-eheliche Lebensgemeinschaften sind genauso gesellschaftlich akzeptiert wie Kinderlosigkeit. Trotzdem sollte die Wirkung, die das traditionelle Leitbild noch immer hat, nicht unterschätzt werden.

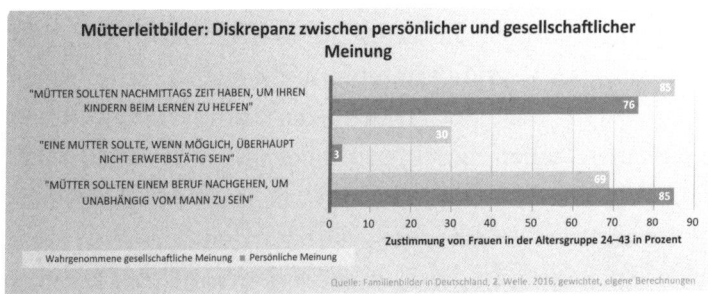

Vor allem Mütter sehen sich hohen Erwartungen ausgesetzt. Bereits in der Schwangerschaft soll sich die perfekte Mutter gesund ernähren (also bloß keine Salamipizza, Sprossen im Salat oder gar Tiramisu essen, und Zucker ist sowieso Gift) und ihr Baby mit klassischer Musik beschallen. Anschließend bringt sie ihr Kind ganz natürlich zur Welt und stillt selbstverständlich, denn andernfalls drohen Allergien, Autismus und plötzlicher Kindstod – zumindest, wenn man den Ratschlägen glaubt, mit denen jede Schwangere ungefragt zugetextet wird.

Und auch danach lassen die Ansprüche nicht nach, im Gegenteil. Mütter müssen sogar komplett widersprüchlichen Erwartungen gerecht werden. Kein Wunder, dass sich viele Frauen zerrissen und überfordert fühlen. Einerseits sollen und wollen sie ihr eigenes Geld verdienen, um ökonomisch selbstständig zu sein. Nur etwa 3 Prozent sprechen sich dafür aus, den Beruf dauerhaft aufzugeben. Dagegen stimmen 84 Prozent der 20- bis 39-jährigen Frauen in Deutschland der Aussage »Mütter sollten einem Beruf nachgehen, um unabhängig vom Mann zu sein«[3] zu. Bei den Männern ist es nicht anders: 82 Prozent wollen, dass ihre Frau arbeitet.[4] Insbesondere gehen sie davon aus, dass die doppelte Berufstätigkeit förderlich für ihre Beziehung sei. Gleichzeitig ist die häusliche Präsenzkultur noch immer sehr stark verankert, denn fast genauso viele Frauen (83 Prozent) sind der Ansicht, dass Mütter nachmittags Zeit haben sollten, um ihren Kindern beim Lernen zu helfen.[5] Welche »Ich-hab-alles-im-Griff-und-sehe-dabei-umwerfend-aus«-Mutter schafft das? Karriere, daneben noch Elternsprecherin in der Kita und jeden Tag frisch kochen? Wenig überraschend lautet die Antwort dann meistens: die Halbzeitmutter. Zwar bewertet es nur noch jede fünfte junge Frau negativ, wenn die Mutter eines Kleinkindes Vollzeit arbeitet. Aber sie sind der Ansicht, dass gesellschaftlich ein anderes Bild vorherrsche: 62 Prozent glauben, dass es nicht gerne gesehen sei, wenn Mütter Vollzeit erwerbstätig sind.

Was hingegen zeichnet einen guten Vater aus? Werden die Väter selbst befragt, dann lautet die Antwort häufig: So viel Zeit wie möglich mit den Kindern zu verbringen. Es überrascht also nicht, dass viele Väter besonders stolz darauf sind, sich schon im Babyalter um die Pflege ihres Kindes gekümmert zu haben.[6] Am liebsten würden diese Väter, wenn man den Zahlen glaubt, nicht nur am Wochenende baden, wickeln und Strampler waschen, sondern sich diese Aufgaben mit ihrer Partnerin teilen. Eltern mit kleinen

Kindern unter drei Jahren sprechen sich zu 60 Prozent für eine gleichmäßige Aufteilung von Beruf und Familie zwischen den Partnern aus.[7] Zwar sehen sich die Väter selbst nicht mehr alleine für die wirtschaftliche Existenzsicherung ihrer Familien verantwortlich,[8] aber sie haben den Eindruck, dass die Gesellschaft weiterhin von ihnen erwartet, ihre Familie ernähren zu können.[9]

Typen von Vaterleitbildern

Zustimmung zu den Aussagen:

Typen von Vaterleitbildern (Anteil unter Männern 2016)	Ernährer (13,3 %)	Vereinbarer (40,8 %)	Relativierer (24,2 %)	Ambitionierter (21,7 %)
„Ein Mann muss seine Familie allein ernähren können."	Ja	Nein	Nein	Ja
„Väter sollten für ihre Kinder beruflich kürzer treten."	Nein	Ja	Nein	Ja

Quelle: FLB 2016, gewichtet, eigene Berechnungen

Wenn wir uns diese Zahlen ansehen, dann könnte leicht der Eindruck entstehen, dass unzählige Väter nur darauf warten, endlich, endlich an die Wickeltische vorgelassen zu werden, aber es offensichtlich eine gläserne Windelwand geben muss, die sie davon abhält. Viele Programme des Familienministeriums haben sich deshalb auf Väter konzentriert. Fast schon zum Ärger mancher Mutter, die ihre Leistung nicht mehr gewürdigt sah. Väter gelten als die Geheimwaffe in der Familienpolitik: Sprengt die Windelwand, und alle Probleme sind gelöst. Viel ist dabei die Rede von den »neuen« oder »engagierten« Vätern. Auch im Alltag wird Vätern, die sich aktiv um ihre Kinder kümmern, viel Anerkennung zuteil. Mit Fotos von aufwendigen Flechtfrisuren ihrer Töchter werden Papas schnell zu Instagramstars – oder, wenn sie unter der Woche mit ihren Kindern zum Spielplatz gehen, zum heimlichen Nachbarschaftshelden.

Insgesamt würden Superväter wie Seepferdchen und Zwerghamster, die sich intensiv um ihren Nachwuchs kümmern, dieses Engagement allerdings als »eher dürftig« bezeichnen. Denn Väter behaupten zwar, sich stärker in der Familie engagieren zu wollen, arbeiten aber durchschnittlich sogar mehr als kinderlose Männer.[10] Laut Statistischem Bundesamt arbeiteten im Jahr 2015 rund 83 Prozent der Väter mit Kindern unter drei Jahren Vollzeit. Unter Müttern hingegen ist Vollzeiterwerbstätigkeit eine seltene Ausnahme: Nur 10 Prozent arbeiten ganztags, in Ostdeutschland sind es immerhin 21 Prozent. Noch seltener ist jedoch die Kombination aus vollzeiterwerbstätiger Mutter und einem Vater, der gar nicht oder in Teilzeit erwerbstätig ist. Lediglich 2 Prozent aller Paare leben dieses Modell.[11] Aber selbst wenn die Väter Teilzeit arbeiten, dann häufig nicht wegen der Kinder: Lediglich 15 Prozent der Väter, die im Jahr 2016 nicht Vollzeit gearbeitet haben, gaben als Grund für die Reduzierung ihrer Arbeitszeit die Betreuung von Kindern an.[12]

Mit Blick auf die zu Hause anfallende Arbeit kehrt sich das Bild dann um: Mütter widmen sich durchschnittlich knapp 40 Stunden pro Woche der Kinderbetreuung und Hausarbeit. Väter kommen mit 22 Stunden nur auf etwa die Hälfte.[13] Selbst Mütter von Kindern unter sechs Jahren, die Vollzeit arbeiten, kümmern sich mit etwas mehr als zwei

Stunden am Tag deutlich länger um ihre Kinder als deren Väter (diese beschäftigen sich eine Stunde und 17 Minuten mit ihren Kindern).[14] Es sind also die Frauen, die noch immer dafür sorgen, dass sich die Alltags-Ratter-Rädchen drehen. Im Ergebnis ist der Beitrag von Frauen zum Familieneinkommen vergleichsweise niedrig: Im Durchschnitt tragen Frauen in Deutschland 22,4 Prozent zum Familieneinkommen bei, in Dänemark sind es beispielsweise 42 Prozent.[15]

Das Modell »Vater in Vollzeit, Mutter maximal in Teilzeit« scheint das Angesagteste, was unser Land in Sachen Vereinbarkeit zu bieten hat. Die meisten Paare leben das »Vereinbarkeitsmodell der männlichen Versorgerehe[16]«: Der Mann sorgt für das Familieneinkommen, während die Frau für Kinder und Haushalt verantwortlich ist und nebenbei etwas dazuverdient. Wie viel die Mutter arbeitet, hängt wiederum von unterschiedlichen Faktoren ab: Während es bei Vätern keine Rolle spielt, wie alt ihre Kinder sind, ist die Erwerbstätigkeit von Müttern stark vom Alter ihrer Kinder abhängig. Je älter die Kinder sind, desto wahrscheinlicher ist es, dass eine Frau arbeitet. Weniger als ein Drittel der Mütter mit Kindern unter drei Jahren ist erwerbstätig. Ist das jüngste Kind zwischen drei und fünf Jahren, dann sind es bereits doppelt so viele.[17] Auch die berufliche Qualifikation der Mütter ist entscheidend: Am häufigsten ist der Mann Alleinverdiener, wenn seine Ehefrau über keinen beruflichen Abschluss verfügt. Dass beide Partner Vollzeit arbeiten, kommt am häufigsten unter Akademikerpaaren vor.[18]

Was ist denn da los? Am liebsten würden Väter mit Kinderzahnbürsten Karius und Baktus fangen und Schlaflieder singen, aber stattdessen sitzen sie abends länger im Büro als ihre kinderlosen Kollegen? Sie wollen alles anders machen als ihre Väter, aber sind trotzdem in der Rolle des Familienernährers gefangen? Ein Buch mit dem Titel ›Wie du es schaffst, mit nur 30 Minuten am Tag ein toller Papa zu sein‹ müsste doch monatelang auf den Bestsellerlisten der Effizienzliteratur stehen. Oder leiden Väter unter kollektiver Schizophrenie? Sehen sie nicht, wie widersprüchlich ihre Vorstellungen vom Familienleben, nach denen alles möglichst gleichberechtigt sein soll, und ihre traditionellen Arbeitszeiten sind? Das passt einfach nicht zusammen: Zeit haben wollen, sie sich aber nicht nehmen.

In der zweiten Welle des Familienleitbild-Surveys, einer Studie des Bundesinstituts für Bevölkerungsforschung, wurde deshalb die Frage nach den idealen Arbeitszeiten für Eltern eines Kleinkindes gestellt.[19] Wie viel würden Väter am liebsten arbeiten, wenn ihre Arbeitgeber, ihre Frauen und »das System« es zuließen? Selbst dann bevorzugt die überwiegende Mehrheit der Männer einen Vollzeitjob. Zwar behaupten zwei Drittel der Väter, sie seien bereit, für ihre Familien kürzerzutreten. Wenn es konkret wird, dann sind ihnen Schreibtisch oder Baustelle aber doch lieber als Küchentisch und Krabbeldecke. Nur 23 Prozent der westdeutschen Väter, die mit ihrer Partnerin und einem zweijährigen Kind zusammenleben, halten es für ideal (vollzeitnah) in Teilzeit zu arbeiten. Unter den Müttern hingegen finden nur 5 Prozent Vollzeit perfekt. Die überwiegende Mehrheit der Kleinkind-Mütter würde am liebsten auf einer halben Stelle arbeiten. Anders ist das Bild in Ostdeutschland: Hier ist das Ideal eine vollzeitnahe Teilzeitstelle.

Vor allem für jüngere Frauen hat ihre ökonomische Unabhängigkeit eine hohe Bedeutung. Berufstätigkeit empfinden zwei Drittel als sehr wichtig für die eigene Lebensqualität.[20] Aufgrund der hohen Scheidungsraten und mit Blick auf die Rente ist es außerdem vernünftig, nicht ganz aus dem Erwerbsleben auszusteigen, bzw. nicht zu wenige Wochenstunden zu arbeiten. Doch viele Frauen können nicht so viel arbeiten, wie sie gerne würden: 36 Prozent der Mütter, die mit ihrem Partner und Kindern unter drei Jahren zusammenleben, möchten ihre Wochenarbeitszeit um mindestens vier Stunden erhöhen. Unter den Alleinerziehenden mit Kindern unter sechs Jahren sind es sogar 44 Prozent.[21] Gerade diesen Frauen muss Politik eine Antwort bieten.

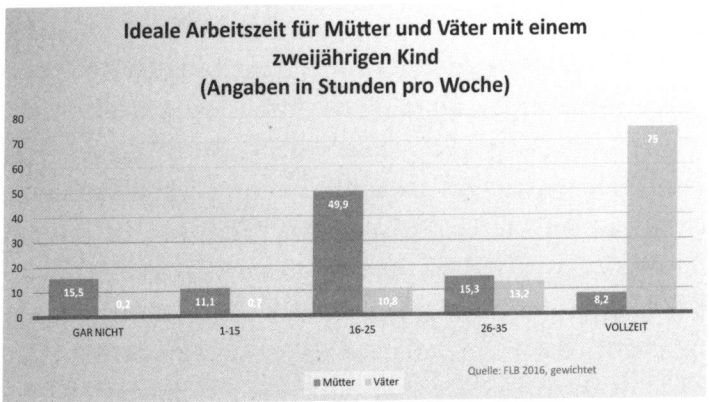

Auch wenn die meisten Eltern das flexible Zweiverdienermodell bevorzugen, kann die individuelle Präferenz ganz unterschiedlich aussehen. Vor allem können wir uns vor der Geburt unserer Kinder noch so sehr ausmalen, wie wir leben wollen: Wir haben keine Ahnung, was Hormonschübe und diese kleinen Wesen mit uns anstellen. Es ist auch nicht bei jedem gleich. Ich habe beides beobachtet: den Vater, der schnell wieder arbeiten wollte, und am Ende fast drei Jahre mit seinem Kind zu Hause blieb. Und die Mutter, die eine lange Elternzeit eingeplant hatte und deren Kind schließlich als Erstes zur Kita ging. Die Geburt eines Kindes verändert uns. Es ist etwas vollkommen anderes, abstrakt über das Leben mit Kindern nachzudenken, als die konkreten Bedürfnisse der eigenen Familie vor Augen zu haben.

Die ideale Wochenarbeitszeit kann genauso gut Vollzeit wie null sein. 70,6 Prozent aller Frauen im Alter von 15 bis 64 Jahren waren laut Statistischem Bundesamt im Jahr 2016 in Deutschland erwerbstätig. Zehn Jahre zuvor lag die Quote noch bei 61,4 Prozent. Fast die Hälfte der weiblichen Bevölkerung im erwerbsfähigen Alter erhält ihren überwiegenden Lebensunterhalt durch Angehörige.[22] Doch den Begriff »Hausfrau« führt die amtliche Statistik nicht auf. Die Frau, die »nur« zu Hause arbeitet, ist namenlos. Das Hausfrauendasein gilt als ähnlich gestrig wie Sahnekännchen und der Musikantenstadl. Als peinliche Antwort auf die Partyfrage »Und was machst du so?«. Es scheint, als sei der Feminismus für Mütter, die ihr Kind selbst betreuen möchten (die vermeintlichen Latte-macchiato-Mütter[23]), nicht da. Während wir ungeniert über alle möglichen Körperlichkeiten sprechen dürfen,[24] gilt der Wunsch, über längere Zeit ausschließlich beim Kind zu bleiben, für viele Mütter als unaussprechbar. Ich gestehe, dass auch ich lange in Hausfrauen (und den wenigen Hausmännern) verlorenes Potenzial gesehen habe, das zwischen den Kinderfahrdiensten verschwendet wird. Aber ist es nicht genauso in

Ordnung, wenn eine Frau ein paar Jahre nicht im Supermarkt Regale einräumt oder im Büro Akten bearbeitet – solange wir ihr die Chance geben, einen Weg zurück ins Berufsleben zu finden, wenn ihre Kinder größer sind? Es gibt Frauen, die nie eine Karriere angestrebt haben. Die ganz für ihre Familie da sein möchten. Auch sie können feministisch sein, wenn sie mit ihrer individuellen Entscheidung glücklich sind – solange sie nicht vergessen, dass es noch immer strukturelle Probleme gibt, die manche Mütter daran hindern, so zu leben, wie sie es möchten (siehe das Kapitel ›Politik, die Familien nicht reinredet‹). Denn darum geht es doch: dass wir uns frei für ein Modell entscheiden können, das wir leben wollen. Und das kann genauso gut heißen, dass wir für ein paar Jahre zu Hause bleiben oder beim fünften Kind direkt nach dem Mutterschutz ins Unternehmen zurückkehren.

Während der Recherchen für dieses Buch habe ich oft den Satz »Wir müssen beide arbeiten« gehört. Die Paare glaubten, keine Wahl zu haben. In Berlin genauso wie in Niedersachsen auf dem Land. Ein Einkommen reiche nicht, um die Wohnung und das Auto zu bezahlen. Den Luxus, dass ein Partner mit den Kindern zu Hause bleibe, müsse man sich leisten können. Doch stimmt das? Zumindest in den ersten Lebensjahren verursacht Berufstätigkeit so hohe Kosten, dass sie sich am Ende kaum lohnt und ein Elternteil genauso gut zu Hause bleiben könnte (wenn wir die langfristigen Folgekosten ganz außer Blick lassen).[25] Die Kinderbetreuung muss bezahlt werden, hinzu kommen Fahrtkosten, und die kostenfreie Krankenversicherung fällt genauso weg wie der Steuervorteil. Die ›Zeit‹ hat berechnet, dass 1985 das mittlere Gehalt für eine Vollzeitstelle in der

Bundesrepublik bei 3116 D-Mark brutto im Monat lag. Es war möglich, mit diesem Gehalt eine vierköpfige Familie alleine zu ernähren. Seitdem sind die Lebenshaltungskosten weniger stark gestiegen als die Gehälter.[26] Es müsste für Durchschnittsverdiener also möglich sein, auch heute als Familie von nur einem Gehalt zu leben. Doch in den vergangenen 30 Jahren sind auch unsere Ansprüche gestiegen. Die meisten wollen, wenn sie Kinder haben, nicht auf das neueste Smartphone und den Sommerurlaub verzichten. Abhängig von den eigenen Ansprüchen ist das Gefühl, nicht von einem Einkommen leben zu können, also real.

Das Beispiel einer Familie, die ich in Bayern kennengelernt habe, zeigt, dass es trotzdem geht – wenn man denn will. Sie können es sich nicht leisten. Aber sie wollen es sich leisten. Und sind bereit, dafür auf einiges zu verzichten: materiellen Luxus genauso wie gesellschaftliche Anerkennung. Mirjam und Michael leben mit ihren vier Kindern nördlich von München. Der älteste Sohn ist 16, der jüngste sechs. Mirjam ist Hausfrau. Sie hat im hauswirtschaftlichen Bereich gearbeitet, als sie ihren Mann kennenlernte. Er ist Radio- und Fernsehtechniker und ernährt die Familie, während sie sich um Wäsche, Hausaufgaben und Zahnarzttermine der Kinder kümmert. Nebenbei engagiert sie sich ehrenamtlich in ihrer Kirchengemeinde und leitet Kindergruppen. Um kurz nach eins, wenn alle aus der Schule nach Hause kommen, essen sie gemeinsam. Während Mirjam erzählt, dass es für sie ideal sei, nebenbei auf 450-Euro-Basis ein wenig Geld in einer Kantine zu verdienen, kommt ihre Tochter vorbei: Es müsse ein Zettel für die Schule unterschrieben werden. Mirjam holt einen Stift und sagt:

»Mit dem Geld können wir uns dann einen Urlaub leisten. Wir haben eine Möglichkeit gefunden zu verreisen, sodass es günstig ist. Nämlich in Bungalowzelten. Betten und Küchenzeug sind da. Zwölf Nächte à 100 Euro, und Essen muss man da genauso kaufen wie hier. Ich fand es sehr ermutigend, dass man trotz Schwimmbadeintritt und anderer Ausflüge locker zu sechst für 500 Euro einen Urlaub machen kann.« Das Alleinverdienermodell mag heute zwar kein Leitbild mehr sein, aber wir müssen aufpassen, dass es nicht zum Feindbild wird, und es als Gesellschaft (als eines von vielen möglichen Modellen) weiterhin ausreichend würdigen.

Wir erinnern uns: Familienpolitik ist in den Ländern am erfolgreichsten, in denen sie die Lebensvorstellungen der jungen Generation berücksichtigt.[27] Wir brauchen eine Familienpolitik, die zum echten Leben passt. Wir müssen Familien so unterstützen, wie sie es heute brauchen – und nicht, wie man es vor 60 Jahren für richtig hielt. Und das Alleinernährermodell empfindet offensichtlich nur noch eine Minderheit als ideale Lebensform. Ähnlich selten ist auch der Wunsch nach einer exakt hälftigen Aufteilung der Familien- und Erwerbsarbeit zwischen den Eltern. Es geht den jungen Müttern und Vätern viel mehr um Partnerschaftlichkeit: Sie wollen beide beides, aber nicht zwangsläufig zu gleichen Teilen. Mütter wollen berufstätig sein, Väter Zeit für ihre Kinder haben. Weder Hausfrauenehe noch Doppelvollzeit entsprechen dem. Aber auch eine 50-50-Verteilung ist nicht gewünscht: Stattdessen präferieren die meisten das »flexible Zweiverdienermodell«,[28] das unterschiedliche Arbeitszeiten im Lebensverlauf zulässt, denn je älter die Kinder sind, desto mehr Wochenstunden bis hin zu Vollzeit oder zumindest vollzeitnaher Teilzeit wollen Mütter arbeiten.[29]

Unsere kulturelle Prägung beeinflusst unsere Entscheidungen und unser Verhalten. Sie hat Einfluss darauf, wie viele Wochenstunden in unserem Arbeitsvertrag stehen und wer abends todmüde noch schnell die Spülmaschine ausräumt. Politik kann Leitbilder nicht abschaffen. Politik setzt aber die strukturellen Rahmenbedingungen. Sie redet uns rein, wenn wir mit unseren Partnern bei einem (oder mehreren) Glas Rotwein darüber sprechen, wie wir Familien- und Erwerbsarbeit untereinander aufteilen wollen (siehe das Kapitel ›Politik, die Familien nicht reinredet‹). Die Familienpolitik sitzt dann mit am Küchentisch und ruft immer wieder dazwischen: »Aber, die kostenfreie Mitversicherung, hast du an die kostenfreie Mitversicherung gedacht, die entfällt, wenn du arbeitest? Und das Ehegattensplitting, denk an das Ehegattensplitting.« Manchmal auch: »Hahaha, du kannst ja gerne versuchen, einen Betreuungsplatz für euer Kind in Berlin zu finden, damit du arbeiten kannst, klappt sowieso nicht.«

Familienpolitik sollte sich aber genauso davor hüten, sich nach einem Gleichstellungsideal auszurichten, bei dem Mütter und Väter alle anfallenden Aufgaben exakt teilen. Bei dem Strichlisten geführt werden müssten, um auch wirklich genauso häufig den Müll herunterzutragen und Geburtstagskuchen zu backen. Der Staat sollte statt der Gleichstellung die Gleichberechtigung im Blick haben. Mütter und Väter müssen dieselben Chancen haben, sich auf die Verteilung zwischen Beruf und Familie zu einigen, die am besten zu ihnen passt – und nicht am besten zu einem bestimmten staatlichen Anreizsystem. Wir brauchen eine

Regelgleichheit, keine Ergebnisgleichheit[30] (auch wenn die 50-50-Aufteilung zwischen den Eltern natürlich ein mögliches Ergebnis sein kann).

Aber was folgt aus diesem echten Leben und den echten Wünschen für die Familienpolitik? Was schreiben die Familien der Bundesregierung ins Hausaufgabenheft? Ganz oben auf der To-do-Liste steht auf jeden Fall: »Familienpolitisches Leitbild entwickeln«. Natürlich muss und soll Familienpolitik die verschiedensten Lebensmodelle ermöglichen. Das Familienleitbild soll kein moralisierendes Idealbild sein, wie eine Familie auszusehen hat. Aber ein familienpolitisches Leitbild kann einer inkohärenten Politik, die sich in Widersprüchen verheddert, zumindest aufzeigen, wo ihre Prioritäten in den nächsten Jahren liegen müssen. Die Mehrheit bevorzugt ein Lebensmodell, das unterschiedliche Arbeitszeiten in unterschiedlichen Lebensphasen ermöglicht. Hierfür fehlen vollzeitnahe Teilzeitstellen und die Möglichkeit, je nach familiärer Situation flexibel zwischen den Wochenarbeitszeiten zu wechseln. Eltern brauchen die Freiheit, in ihrem Leben mal ihre berufliche Entwicklung und mal ihre Familie stärker zu gewichten, ohne deshalb mit Blick auf die sozialen Sicherungsansprüche benachteiligt zu sein. Alles andere steht dann im Hausaufgabenheft unter dem Punkt »Zusatzaufgaben«.

POLITIK, DIE FAMILIEN NICHT REINREDET

Wie Familien leben, bestimmen sie selbst. Wer nachts um drei Uhr aufsteht, um das Kind wieder in den Schlaf zu wiegen, klären Paare unter sich. Es gibt zum Glück kein Gesetz, das bestimmt, wer weiterschlafen darf und wer aufstehen muss, wenn das Kind seinen Schnuller verloren hat. Genauso wenig ist festgeschrieben, wer die Kinder zum Sportverein bringt und sie von Verabredungen mit Freunden wieder abholt. Nirgends ist geregelt, wer den nächsten Kindergeburtstag organisiert, mit dem kranken Kind zu Hause bleibt und die neuen Winterstiefel kauft. Eltern müssen darüber reden, wer sich um die Wäsche kümmert und den Wocheneinkauf erledigt. Sie entscheiden gemeinsam, wer von ihnen mitten in der Arbeitswoche Zeit hat, um die Vorsorgeuntersuchungen beim Kinderarzt wahrzunehmen, Englischvokabeln abzufragen und einen Reisepass beim Bürgeramt zu beantragen.

Während Alleinerziehende das fast alles alleine schaffen müssen (ihre Antwort lautet meistens: »Ich mache das«), handeln Paare diese Fragen gemeinsam aus. Sie entscheiden, welche Arbeitsaufteilung am besten zu ihnen und ihrem Leben passt. Im Bürgerlichen Gesetzbuch klingt das dann so: »Die Ehegatten bestimmen ihre persönliche und wirtschaftliche Lebensführung in gemeinsamer Verantwortung und gegenseitigem Einvernehmen.« Der Paragraf 1356 richtet sich zwar an verheiratete Paare, aber der Satz gilt für alle Eltern gleichermaßen. Egal, ob sie einen Trauschein haben oder nicht. Sie müssen sich abstimmen, wer von ihnen wie viel Zeit, Arbeit und Einkommen in die Familie einbringt. Dazu gehören Fragen wie: Wollen wir überhaupt Kinder und wann? Wer von uns nimmt wie lange Elternzeit? Arbeiten wir weniger? Beide? Nur einer oder eine?

Auf den ersten Blick trifft jedes Paar diese Entscheidungen und manchmal auch Fehlentscheidungen alleine. Aber das stimmt nicht. Es ist nur ein vermeintlich individueller Aushandlungsprozess. Denn die Verhandlungskarten sind zwischen den beiden Elternteilen ungleich verteilt. Es ist wie beim Scrabble-Spiel: Das Wort »Mutter« hat den Buchstabenwert acht, das Wort »Vater« ist hingegen zehn Punkte wert. Natürlich ist das Leben kein Brettspiel, aber auch in unserer Gesellschaft gibt es Spielregeln. Sie stehen nicht in einer knappen Spielanleitung, die uns bei der Geburt eines Kindes mitgeliefert wird. Stattdessen sind die Spielregeln über viele Gesetze, Rechtsverordnungen und Satzungen verstreut. Die Entscheidung, welcher Elternteil für was verantwortlich ist, wird innerhalb dieses Spielregelrahmens getroffen. Manche Entscheidungen werden mit Instrumenten wie dem Ehegattensplitting belohnt, andere sogar bestraft. Manche Wege sind gut ausgebaut, andere sind kaum gangbar oder ganz gesperrt. Nur mit sehr viel Mühe ließe sich ein Trampelpfad schlagen. Von einer individuellen Entscheidung über ihre Aufgabenteilung, die Eltern ganz frei und ohne äußere Einflüsse getroffen haben, kann also häufig nicht die Rede sein.

Dabei ist es sogar verfassungsrechtlich garantiert, dass Paare alleine entscheiden können, wie sie familiäre Aufgaben untereinander aufteilen. Und zwar, ohne dass der Staat ihnen dabei reinredet. »Ehe und Familie stehen unter dem besonderen Schutz der staatlichen Ordnung«, steht im sechsten Artikel des Grundgesetzes. Der Staat darf also keinen Einfluss darauf nehmen, welche Antworten Paare auf die Wer-steht-nachts-auf-und-wer-verdient-das-Geld-Frage finden. Momentan sitzt der Staat aber mit am Küchentisch, während Eltern darüber sprechen, wer das Kind am Nachmittag von der Kita abholt und es in die Badewanne setzt. Unser Steuer- und Sozialsystem sorgt für ungleiche Verhandlungskarten zwischen Müttern und Vätern und stärkt (bzw. schwächt) die Verhandlungspositionen der Elternteile.[1] Ja, das Ehegattensplitting hat Einfluss darauf, wer die Windeln wechselt (mehr dazu im Kapitel ›Politik, die mit Steuern steuert‹). Genauso wie die beitragsfreie Mitversicherung von Ehepartnern in der gesetzlichen Krankenversicherung und die Frage, ob und wann Eltern eine gute Betreuung für ihre Kinder finden.

Die Sängerin Judith Holofernes sagte in einem Interview, dass Kinderkriegen der ultimative Reality-Check für den Feminismus sei.[2] Und die Zahlen geben ihr recht: Während kinderlose Paare die Hausarbeit relativ partnerschaftlich unter sich aufteilen, erfolgt nach der Geburt des ersten Kindes nicht selten eine Traditionalisierung.[3] Leben kurz nach der Eheschließung noch 40 Prozent der Paare ein egalitäres Modell, sinkt der Anteil nach 14 Ehejahren auf nur noch 13,7 Prozent.[4] Wer den Wäscheberg nach einem Pfützenwetthüpfen abarbeiten muss, scheint eine Frage des Geschlechtes.[5] Wie kann das sein? Wie kann es sein, dass junge Menschen, denen es wichtig ist, gleichberechtigt zu leben, häufig in einer traditionellen Rollenverteilung landen?

Manche Paare rutschen ungeplant da rein. Das liegt zum Beispiel am Stillen. Alle Frauen- und Kinderärzte raten jungen Eltern zur Muttermilch – und zwar im ersten halben Jahr ausschließlich.[6] Also bleibt zunächst die Mutter mit dem Kind zu Hause, weil das Stillen anders kaum möglich wäre. Zwar haben stillende Frauen einen Anspruch auf 30 Minuten Stillpause zweimal am Tag, aber die reichen kaum aus, um Milch abzupumpen. Und während die Mütter beim Kind bleiben, kehren die Väter schnell an den Arbeitsplatz zurück. Und ohne, dass sie es merken, räumt immer häufiger die Mutter die Spülmaschine aus und singt das Gutenachtlied vor. Es sind diese »Gewöhnungsprozesse«[7], die schleichend das (Familien-)Leben prägen. Aber bevor hier Missverständnisse aufkommen: Stillen an sich ist, wenn es klappt und es allen gut damit geht, großartig.

Weit verbreitet ist auch die Angst vor negativen Folgen für die Karriere. Jeder dritte Vater glaubt, dass seine Karriere gefährdet sei, wenn er familienfreundliche Angebote in Anspruch nähme.[8] Ach was! Anders formuliert heißt das doch: Viele Väter sorgen sich, dass es ihnen genauso ergehen könnte wie bisher den Müttern. Dabei gilt zumindest für die Elternzeit, dass sie unabhängig von ihrer Länge keinen Einfluss auf das Einkommen hat. Auch Väter, die länger als die beiden Partnermonate mit den Kindern zu Hause bleiben, haben keine finanziellen Einbußen.[9] Bei Teilzeitarbeit sieht das allerdings anders aus: Vätern, die in Teilzeit arbeiten, schreiben 67 Prozent der Manager ein geringeres Karrierestreben zu.[10] Ihr Stundenlohn reduziert sich um durchschnittlich 0,2 Prozent mit jedem Monat, den sie nicht in Vollzeit arbeiten.[11]

Aber die Antwort, die mir Eltern am häufigsten nannten,

als ich sie fragte, wieso sie sich dafür entschieden haben, dass die Frau zugunsten der Familie beruflich kürzertritt und nicht der Mann oder beide gleichermaßen, lautet: Es liegt am Geld.[12] Das deckt sich mit dem Ergebnis zahlreicher Studien. Hiernach sind es meistens die Mütter, die weniger verdienen und auf deren Gehalt aus Sicht der Eltern am ehesten verzichtet werden könne.[13] Schließlich müsse auch weiterhin die Miete ge- oder das Haus abbezahlt werden. Langfristig betrachtet ist das aber Quatsch. Denn die Gefahr, dass die Zurücksteckende den Kontakt zum Arbeitsmarkt verliert und nur noch in schlecht bezahlten Jobs landet, wenn ihre Kinder größer sind, ist hoch. Und das ist dann wirklich ein finanzielles Desaster. Von den Auswirkungen auf die Rente ganz abgesehen.

Wenn wir also von Wahlfreiheit reden, dann müssen wir vor allem von wirtschaftlicher Freiheit sprechen. Um das Leben zu leben, das sie leben wollen, brauchen Familien die notwendigen materiellen Voraussetzungen. Ohne finanzielle Sicherheit gibt es keine echte Wahlfreiheit. Die Frage, wie Familien leben, ist sehr eng mit der Frage verbunden, wovon Familien leben. Sie brauchen ein Einkommen, das zum Leben mit Kindern reicht. Ein Einkommen, das es ihnen erlaubt, auch an ihre Altersvorsorge zu denken. Egal, ob sie selbstständig sind oder einem sozialversicherungspflichtigen Beruf nachgehen. Erst dann sind Familien frei zu entscheiden, wie sie ihre Zeit zwischen Erwerbstätigkeit und Kindern aufteilen möchten.

Familien brauchen Wahlfreiheit. Und zwar echte. Sie brauchen eine Politik, die ihnen nicht reinredet. Eltern müssen selbst entscheiden können, wie sie ihre Verantwortung untereinander teilen wollen. Wer den Kuchen für den

Kindergeburtstag backt und wer wie lange arbeitet. Die Lösungen können dabei ganz unterschiedlich aussehen, denn jede Familie ist anders. Wenn wir also von Wahlfreiheit sprechen, dann darf die Antwort nicht länger »entweder oder« heißen, sondern muss »sowohl als auch« lauten. Es geht nicht darum, entweder erwerbstätig zu sein oder zu Hause zu bleiben. Alles dazwischen muss genauso möglich sein. Familienpolitik wird umso erfolgreicher sein, je mehr echte Wahlfreiheit sie Eltern ermöglicht.

Es wird nicht gelingen, es allen Eltern recht zu machen. Denn dann müsste die ohnehin schon viel zu große Zahl an Familienleistungen noch weiter ausgedehnt werden. Aber es wäre bereits ein großer Schritt, wenn Eltern endlich echte Wahlfreiheit hätten. Eine Wahlfreiheit, bei der nicht von Anfang an gezinkte Karten verteilt werden. Bei der die staatlichen Strukturen nicht länger Einfluss auf unsere Entscheidungen nehmen, sondern viele verschiedene Optionen eines gelungenen Familienlebens möglich und finanzierbar sind.

Momentan sind die Verhandlungskarten zwischen Männern und Frauen bereits vor einer Schwangerschaft ungerecht verteilt. Und das selbst dann, wenn eine Frau möglicherweise niemals Kinder haben möchte. Solange sie im gebärfähigen Alter ist, sitzt ein riesiger Elefant mit dem Namen »Ausfallrisiko Schwangerschaft« bei jedem Einstellungsgespräch und jeder Beförderungsentscheidung mit am Tisch. Der Elefant trötet permanent im Hintergrund: Achtung, diese Frau könnte ausfallen. Selbst wenn sie sehr schnell an ihren Arbeitsplatz zurückkehren würde, wäre sie zumindest während des Mutterschutzes nicht verfügbar. Denn aufgrund des Mutterschutzgesetzes dürfen Schwangere sechs Wochen vor dem errechneten Geburtstermin nicht mehr arbeiten (es sei denn, sie wünschen dies ausdrücklich anders). Nach der Entbindung kann auf die festgeschriebene Schutzfrist von acht Wochen nicht verzichtet werden. Bei Mehrlings- und Frühgeburten ist der Mutterschutz noch etwas länger.

Der regenbogenfarbene Elefant mit der Aufschrift »Ausfallrisiko Schwangerschaft« ist bei Männern hingegen kein Thema. Aber sind nicht fast alle Männer auch potenzielle Väter? Was wäre, wenn es nicht nur das Ausfallrisiko Mutterschaft gäbe, sondern das Ausfallrisiko Vaterschaft genauso selbstverständlich mitgedacht werden müsste? Die französische Unternehmerin und damalige Präsidentin des Unternehmerverbandes Medef, Laurence Parisot, hat deshalb bereits 2011 vorgeschlagen, auch für Männer einen verpflichtenden Vaterschutz von acht Wochen nach der Geburt einzuführen.[14] Der Potenzielle-Mutter-Elefant würde dann zwar nicht ganz verschwinden, aber doch zumindest schrumpfen. Auch auf EU-Ebene wird schon länger diskutiert, ob ein am Mutterschutz orientierter Vaterschutz dazu beitragen könnte, die Karten zwischen den Elternteilen fairer zu verteilen.[15] In Deutschland haben Väter zwar bereits heute die Möglichkeit, direkt nach der Geburt in Elternzeit zu gehen und Elterngeld zu beantragen oder Urlaub zu nehmen. Gäbe es aber einen gesetzlichen Partnerschutz für den Partner oder die Partnerin der Mutter, würde es Normalität, dass auch Väter direkt nach einer Geburt ausfallen. Und helfen würde das allen: Denn beim Mutterschutz geht es nicht nur darum, dass sich alle von den körperlichen Strapazen der Entbindung erholen können, sondern vor allem um einen guten Start in das Leben als Familie. Es braucht Zeit, um zueinander zu finden. Bindung entsteht nicht von alleine. Das neue Leben zu dritt, viert oder fünft muss sich erst einmal einpendeln. Ob ein solcher Vaterschutz vier Wochen dauert oder sechs oder acht, ist am Ende egal, solange klar wird: Es ist normal, dass sowohl Mütter als auch Väter nach der Geburt eines Kindes ausfallen.

Wenn wir wollen, dass es Vätern auch darüber hinaus möglichst leichtfällt, sich in die Familie einzubringen, dann müssen wir ihnen den passenden Rahmen dafür bieten. Zwar haben Männer genauso wie Frauen einen gesetzlichen Anspruch auf drei Jahre Elternzeit, in denen sie sich freistellen lassen können, ohne kündigen zu müssen. Aber es gibt eine übersehene Regelung, die es einigen Vätern deutlich erschwert, die ihnen zustehende Elternzeit auch in Anspruch zu nehmen. Anders als Mütter, die bereits während der Schwangerschaft einen besonderen Kündigungsschutz genießen, sind werdende Väter nicht vor Kündigungen geschützt. Zwar können auch sie während der Elternzeit nicht gekündigt werden, allerdings beginnt dieser Schutz erst, wenn der Antrag gestellt wurde, und frühestens acht Wochen vor der Elternzeit. Bekommt der Arbeitgeber bereits vorher von den väterlichen Elternzeitplänen mit, hat der Mann leider Pech gehabt. Im schlimmsten Fall droht eine gerichtsfeste Kündigung. Ein möglicher Rat könnte also lauten: Stellt euren Elternzeitantrag möglichst kurzfristig. Aber auch der Tipp taugt nichts, denn Elternzeit muss mindestens sieben Wochen vor dem geplanten Start beantragt werden. Einem Vater bleibt also genau eine Woche, um kündigungsgeschützt Elternzeit zu beantragen. Wer weiß das schon? Wenn doch jeder Dritte noch nicht einmal weiß, dass Väter während der Elternzeit überhaupt Kündigungsschutz genießen.[16] Der Staat sollte von Eltern nicht erwarten, dass sie sich genau die fünf Arbeitstage ausrechnen und im Kalender markieren, in denen sie sich nicht um ihren Arbeitsplatz sorgen müssen, weil sie für ihre Kinder da sein wollen. Wir müssen deshalb auch den Kündigungsschutz für Väter ausdehnen.

Auch die Elternzeit selbst und insbesondere das Elterngeld haben Einfluss darauf, wie Familien leben und wie Eltern die Arbeit untereinander aufteilen. Vom bezahlten Mutterschaftsurlaub, der seit 1979 vier Monate im Anschluss an den Mutterschutz in Anspruch genommen werden konnte, waren Väter noch ausgeschlossen.[17] Das spätere Erziehungsgeld hätten sie zwar formal beantragen können, aber es war so gering bemessen, dass es sich die meisten Familien nicht leisten konnten. Bis zur Reform nutzten es lediglich 3 Prozent aller Väter.[18] Erst das einkommensabhängige Elterngeld bietet seit 2007 auch eine finanzielle Unterstützung aktiver Vaterschaft. Es soll das aufgrund der Kinderbetreuung wegfallende Einkommen kompensieren. Die Ersatzrate sinkt mit steigendem Einkommen von 100 auf 65 Prozent. Höchstens werden 1800 Euro monatlich ausgezahlt, und das für bis zu 14 Monate, wenn mindestens zwei Monate vom anderen Elternteil in Anspruch genommen werden. Mit dem Elterngeld Plus lässt sich der Bezug auf bis zu 28 Monate ausdehnen. Dann allerdings nur in halber Höhe. Mittlerweile beziehen Mütter durchschnittlich 19,7 Monate Elterngeld Plus (ohne Elterngeld Plus 11,5 Monate) und Väter 7,9 Monate (ohne Elterngeld Plus 2,9 Monate).[19] Doch um ein wirklicher Lohnersatz zu sein, müsste das

Elterngeld genauso zuverlässig auf dem Konto landen wie das Gehalt. Es dauert häufig viel zu lange, bis Elterngeldanträge bearbeitet werden und das Geld überwiesen wird. Im Berliner Bezirk Charlottenburg-Wilmersdorf mussten Eltern im vergangenen Jahr zum Beispiel mehr als vier Monate auf ihr Geld warten.[20] Wie soll das gehen, wenn weiterhin die Miete gezahlt werden muss und gleichzeitig das Haupteinkommen fehlt? Nicht alle Eltern haben ausreichend Ersparnisse oder familiäre Unterstützung, um die langen Bearbeitungszeiten zu überbrücken. Hier kann die langsame Verwaltung Einfluss darauf haben, wie Familien ihr Leben organisieren und wer Elternzeit nimmt bzw. darauf verzichtet.

Dabei wirkt es sich für alle Familienmitglieder positiv aus, wenn Väter Elternzeit nehmen. Die Beziehung wird gleichberechtigter.[21] Vor allem, wenn die Partnerin nicht gleichzeitig in Elternzeit ist, sondern ihr Mann tatsächlich alleine die Verantwortung trägt.[22] Diese Wirkung bleibt auch nach der Elternzeit erhalten, denn die meisten Elternteile führen ihre partnerschaftlichen Arrangements dann fort.[23] Wenig überraschend sind die meisten Paare mit ihrer Partnerschaft zufriedener, wenn sich Väter aktiv in der Familie einbringen.[24] Aber auch und vor allem die Kinder profitieren von einem präsenten Vater: Es lassen sich positive Auswirkungen auf ihre sprachliche Entwicklung[25] sowie ihre schulischen Leistungen[26] nachweisen.

Das Elterngeld gilt mittlerweile unumstritten als großer Erfolg. Es hat vielen Vätern ermöglicht, aktive Väter zu sein. Aber perfekt ist es noch immer nicht. Das bekamen auch Andrea und Peter zu spüren: Das Paar lebt mit drei Kindern in Leverkusen. Andrea leitet die Verkaufsorganisation eines Unternehmens. Peter ist selbstständiger Architekt und ist in »halber Elternzeit«. Als ich die Familie treffe, kommt er gerade aus dem Büro. Sie erzählen, dass Andrea nach dem Mutterschutz immer direkt Vollzeit gearbeitet habe. »Wenn du ein Jahr aus einer Abteilungsleitung verschwunden bist, dann ist dein Job danach weg. Wenn du den behalten willst, musst du zusehen, dass du frühzeitig wieder einsteigst«, sagt sie. Mit der Einschätzung hat sie recht: Zwei Drittel der Fach- und Führungskräfte müssen sich nach ihrer Rückkehr mit schlechteren Bedingungen abfinden.[27] »Mein Unternehmen ist wirklich kinderfreundlich. Bewusst rausdrängen will mich da niemand. Aber auf der Stelle muss eine gewisse Kontinuität vorhanden sein«, sagt Andrea. Bei den ersten zwei Kindern hat sich das Paar deshalb dafür entschieden, dass Peter die Elternzeit allein nimmt. Als Andrea mit dem dritten Kind schwanger war, ging das jedoch nicht mehr so leicht: Peter hatte sich gerade selbstständig gemacht und hätte nicht alles stehen und liegen lassen können. Andrea hingegen hätte nicht pausieren können, weil sie die Familie ernährte. Gemeinsam haben sie sich deshalb für das Elterngeld Plus entschieden: Angestellte dürfen damit bis zu 30 Wochenstunden arbeiten und erhalten weiterhin (gekürztes) Elterngeld. Selbstständige dürfen 120 Stunden pro Lebensmonat arbeiten und können sich diese frei einteilen. Das klingt zunächst sehr flexibel, hilft Peter aber nur bedingt: »Ich bekomme im Moment halbes Elterngeld. Wenn ich im Jahr zu viel verdiene, dann muss ich das wieder zurückzahlen. Und wie viel ich verdiene, hängt nicht davon ab, wann ich wie viel arbeite, sondern wann meine Rechnungen bezahlt werden. Ich bin immer am Kämpfen, die Rechnungen so zu schieben, dass es irgendwie passt. Und Aufträge deswegen ablehnen, kann ich doch auch nicht. Ich fände es gut, wenn man beim Elterngeld als Selbstständiger nicht dafür bestraft wird, dass man arbeitet.«

Nicht nur das Hin- und Herschieben von Rechnungen ist kompliziert. Für die Planung der Elternzeit bedarf es mittlerweile der Beratung. Basiselterngeld, Elterngeld Plus und Partnerschaftsbonus bieten zwar mehr Wahlfreiheit und Flexibilität, aber um vom Elterngeld Plus zu profitieren, müssen Eltern mittlerweile viel rechnen. Miriam lebt in Köln und ist Mutter von zwei Kindern. Sie arbeitet freiberuflich als Sprecherin und Studiomusikerin. Ihr hätte Beratung, zum Beispiel in einem Familienzentrum, sehr geholfen, sagt sie: »Bei meinem Sohn habe ich gar kein Elterngeld beantragt, weil ich gar nicht wusste, dass mir das zusteht. Ich hatte total Angst, dass ich das mit den Rückzahlungen usw. nicht hinbekommen hätte, wenn ich zu viel verdiene. Ich habe nämlich direkt weitergearbeitet und drei Tage nach der Geburt wieder im Studio gestanden. In meinem Beruf ist es schwierig, einen Auftrag abzulehnen. Dann wird man eben nicht mehr angerufen.«

Auch Franzi hätte nicht einfach aufhören können zu arbeiten. Als ihre Tochter geboren wurde, war ihr Start-up gerade auf 300 Mitarbeiter gewachsen. An Elternzeit war bei der jungen Gründerin nicht zu denken. Bereits drei Wochen nach der Geburt war sie wieder in ihrem Berliner Büro. Elterngeld hat sie keines bekommen, stattdessen floss ihr Einkommen direkt an eine Vollzeitkinderfrau. Heute sagt sie: »Das war alles Wahnsinn. Ich habe Arbeitsplätze geschaffen und wurde dafür auch noch bestraft. Eine Neuregelung des Elterngeldes, bei der ich flexibel hätte entscheiden können, was ich mit dem mir zustehenden Satz mache, hätte mir damals sehr geholfen.« Ja, das Elterngeld ist als Lohnersatzleistung gedacht. Aber sollte es dem Staat nicht egal sein, ob Eltern damit eine berufliche Auszeit finanzieren oder sich mithilfe des Elterngeldes eine Nanny leisten können? Wollen wir wirklich von Eltern erwarten, dass sie möglichst alle Tricks beim Elterngeld kennen und ihre Rechnungen immer passend stellen, geschickt Arbeitsmonate dazwischenschieben und sich elegant durch das Bürokratiemonstrum bewegen? In einer Lebensphase, in der sie Besseres zu tun hätten, als sich durch Anträge zu kämpfen?

Selbst gesetzliche Regelungen, die auf den ersten Blick wenig mit Familienpolitik zu tun haben, können die Arbeitsteilung in Familien beeinflussen. Zum Beispiel Minijobs. Welche Rolle spielt denn die »flexible Aushilfe auf 450-Euro-Basis« für Väter und Mütter? Eine sehr große! Denn haben Sie schon mal überlegt, wer da für 450 Euro im Monat das Supermarktregal einräumt? Zu 63 Prozent sind es Frauen. Zwei Drittel von ihnen sind mit einem Mann verheiratet, der Hauptverdiener der Familie ist.[28] Für diese Frauen klingt ein Minijob sehr attraktiv. Sie können bis zu 450 Euro im Monat steuerfrei dazuverdienen und sind häufig weiterhin kostenfrei über ihren Mann mitversichert. Selbst von der Rentenversicherungspflicht können sie sich befreien lassen (über 80 Prozent der geringfügig Beschäftigten zahlen nicht in die gesetzliche Rentenversicherung ein[29]). Mehr als nur im Minijob zu arbeiten, erscheint dann schnell unattraktiv: Denn plötzlich müssten die Frauen sich selbst versichern, und es würden mehr Gebühren für die Betreuung der Kinder fällig. So bleibt die Arbeit vieler

Frauen nur ein Zuverdienst, der den nächsten Urlaub finanziert. All die Bonbons, die der Staat Minijobbern bietet, entwickeln sich zu einer zähen Klebemasse. Minijobs seien ein »Programm zur Erzeugung lebenslanger ökonomischer Ohnmacht und Abhängigkeit von Frauen«[30], steht in einer Studie des Familienministeriums. Denn mit jedem Jahr, das Frauen in Minijobs arbeiten, verringert sich ihre berufliche Qualifikation. Minijobs bilden keine Brücke in den Arbeitsmarkt. Sie halten Mütter vom Arbeitsmarkt fern. Wenn Frauen nur wenige Stunden arbeiten möchten, dann ist das auch gut so. Aber auch Arbeitsverhältnisse mit nur wenigen Wochenstunden sollten sozialversicherungspflichtig werden und Rentenansprüche begründen.

Anfangs empfand auch Claudia (52) Minijobs als geeignete Lösung für ihre Familie und sich. Sie lebt mit ihrem Mann Ingo und dem gemeinsamen Sohn Matteo, 15, in einer kleineren Stadt in Nordrhein-Westfalen. Claudia ist Grafikdesignerin mit Fachhochschulabschluss. Bis zur Geburt von Matteo hat sie als Art-Direktorin in Werbeagenturen gearbeitet. Sie sagt: »Matteo ist ein Geschenk des Himmels, das viel medizinische Hilfe brauchte. Als es dann geklappt hat, wollte ich erst einmal das Familienglück genießen. Wir waren einfach glücklich, dass es mit der Schwangerschaft doch noch funktioniert hat, aber so einen richtigen Plan hatten wir nicht.« Für Claudia war jedenfalls schnell klar, dass sie mit einem Kind nicht zurück in die Werbeagentur wollte. Sie suchte nach einem Job, der für sie gut mit dem Familienleben vereinbar war und den sie gut einplanen konnte. In der Agentur sei das nicht möglich gewesen. Am Ende hatte sie dann »hier und da« Minijobs im Einzelhandel und versorgte einige Jahre ihre krebskranke

Freundin und deren Kinder. Das sei praktisch gewesen, aber wirklich glücklich war sie damit nicht: »Wenn Ingo, der ja etwas Ähnliches macht wie ich ursprünglich, mal von seiner Arbeit erzählt, dann merke ich, wie mein Herz hüpft. Berufliche Anerkennung ist noch einmal etwas anderes. Das empfinde ich schon als Mangel.« Als besonders belastend empfindet das Paar Claudias berufliche Situation aber für ihre Beziehung. Ingo ist Alleinverdiener. Das sei eine große Belastung für ihn: »Vieles wäre entspannter, wenn wir noch ein zweites finanzielles Standbein hätten.« Als Claudia von ihrem Rentenbescheid spricht, hat sie Tränen in den Augen: »Wenn ich die Umschläge öffne, bekomme ich Herzrasen und Schweißausbrüche.« Jahr für Jahr flattert er ins Haus. 384 Euro Rente bekäme Claudia aktuell. Das macht ihr Angst: »Ich komme mir vor, als wenn ich auf dem Eis tanze. Wenn irgendetwas passiert, wenn Ingo mich verlässt, wenn er krank wird, arbeitsunfähig: Was ist dann? Das Wort Schutz fällt mir ein. Ich fühle mich total ungeschützt.« Claudia, die vor fünf Minuten noch wie eine selbstbewusste, immer perfekt organisierte Familienmanagerin wirkte, sagt jetzt: »Ich war total vernebelt, was die Minijobs angeht. Ich bin gar nicht auf die Idee gekommen, dass das irgendwann gefährlich sein könnte. Es ist doch absurd: Man wird vor der Geburt über die Farbe des Kreißsaals informiert, und ob es eine Wanne gibt oder nicht. Aber über solche Lebensentscheidungen spricht niemand mit einem?«

Wieso eigentlich nicht? Frauen sind heute so gut ausgebildet, wie sie es noch nie gewesen sind. Trotzdem wird die Elternschaft für viele zum finanziellen Risiko. Wir sichern uns gegen alles ab: Warum nicht auch für den Fall, dass unsere Beziehungen zerbrechen? Ein Mann ist keine Alters-vorsorge,[31] das sollte mittlerweile klar sein. Trotzdem begeben sich viele Paare in gefährliche Abhängigkeiten. Natürlich kann die Politik neben der Bankenkrise nicht noch schnell unsere Ehekrisen lösen. Aber es wäre bereits viel erreicht, wenn der Staat Familien nicht länger in ihre Arbeitsteilung hineinreden würde, sondern sie sachlich darüber informiert, welche langfristigen Auswirkungen Entscheidungen für ihren Lebensverlauf haben. Familienpolitik sollte sich endlich von gesetzlichen Regelungen verabschieden, die ein Elternteil an das Zuhause fesseln, und sich stattdessen auf Regelungen konzentrieren, die es beiden Partnern erlaubt, gemeinsam ein passendes Modell für sich zu finden. Sosehr wir uns im Alltag auch über die Socken ärgern, die es nicht in die Wäschetonne schaffen: Unsere Wut sollte sich besser gegen die Bevormundung in der Familienpolitik richten. Mütter und Väter müssen endlich denselben Wert auf ihren Verhandlungskarten haben.

POLITIK, DIE MIT STEUERN STEUERT

Wer beschäftigt sich schon gerne mit Steuern? Aber Politik und Steuern hängen nun einmal eng zusammen: Um zu verstehen, weshalb für Familien so viel schiefläuft, müssen wir uns mit Zahlen beschäftigen. Das ist verdammt wichtig. Nicht nur wegen des viel zu hohen Mehrwertsteuersatzes auf Windeln.[1] Wenn Sie vom deutschen Steuersystem bisher kaum etwas verstehen, dann ist das überhaupt nicht schlimm. Es reicht, wenn Sie ungefähr so viel Ahnung davon haben wie ich von Isländisch. Ekki hugmynd! Keine Ahnung! Es ist auch in Ordnung, wenn Sie Worte wie »Ehegattensplitting« furchtbar anstrengend finden. Das geht mir genauso. Aber wenn diese Ekelwörter uns davon abhalten, uns mit schlechter Familienpolitik zu befassen, dann wäre das ein wirkliches Drama.

Familienpolitik und Steuerpolitik sind eng miteinander verbunden.[2] Das Steuersystem nimmt direkten Einfluss auf unser Familienleben, indem es manche Entscheidungen unterstützt und andere bestraft. Es setzt Anreize, zu arbeiten oder nicht zu arbeiten. Kinder ausschließlich selbst zu erziehen oder Unterstützung bei der Betreuung in Anspruch zu nehmen. Welches Elternteil von steuerlichen Erleichterungen profitiert, ist ebenso eine Frage des Steuerrechts, von der die familiäre Aufgabenteilung abhängen kann. Nicht zuletzt hat es Einfluss auf das Familienleben, welche finanziellen Lasten Eltern von der Steuerschuld abziehen können oder als Freibeträge gewährt bekommen.

Bei den Recherchen zu diesem Buch bin ich oft auf die Annahme gestoßen, dass unser Steuerrecht sich an nichts anderem zu orientieren habe als an den Prinzipien der Leistungsfähigkeit und der Gleichbehandlung. Damit könnte dieses Kapitel bereits zu Ende sein. Machen wir es kurz: Das ist Quatsch. Natürlich soll das Steuerrecht vor allem die Staatskassen füllen. Aber neben diesen Fiskalzwecknormen sind auch Lenkungs- und Sozialzwecknormen anerkannt. Ein bekanntes Beispiel ist die Riester-Rente: Anstatt die Bürger zu privater Vorsorge zu zwingen, wird diese steuerlich gefördert.

Selbst die Einkommensteuer soll zwar hauptsächlich Geld in die Kassen schaffen, aber auch sie ist von großer Bedeutung für Familien, denn schließlich hängt das Nettoeinkommen davon ab. Für das Einkommen eines Menschen spielt es keine Rolle, wie viele Menschen davon ernährt werden müssen. Eine Mutter bekommt nicht mehr Gehalt, weil sie davon nicht nur sich selbst, sondern auch ihre Familie ernähren muss. Wenn der Staat bei den Steuern und Sozialabgaben auf dieses Einkommen zugreift, muss es aber sehr wohl darauf ankommen, wie viele Menschen davon leben müssen. Welchen Einfluss die Einkommensbesteuerung auf Familien haben kann, sehen wir besonders gut an den Gehaltszetteln der Familie Mustermann. In einem Merkblatt zur Steuerklassenwahl hat das Finanzministerium mithilfe der Familie dargelegt, wie stark von der Steuerklasse abhängt, was am Ende des Monats auf dem Konto landet. Die Mustermanns sind verheiratet. Sie verdient 1700 Euro im Monat, er 3000 Euro. Wenn die beiden sich für die Steuerklasse III/V entschieden haben, zahlt er 192 Euro Steuern im Monat. Sie hingegen muss 326 Euro Steuern zahlen, obwohl sie deutlich weniger verdient.[3] Ihr Ehemann hat dafür als Hauptverdiener vergleichsweise geringe Abzüge. Das liegt daran, dass ihm in der Steuerklasse III alle Vorteile der gemeinsamen Veranlagung als Eheleute alleine zugerechnet werden. Frau Mustermanns Lohnsteuer wird hingegen sogar ohne ihren eigenen Grundfreibetrag, also ohne die Freistellung des Existenzminimums von den Steuern, berechnet.

Ja, es stimmt, am Ende des Jahres ist es egal, welche Steuerklasse ein Ehepaar hat. Es muss insgesamt immer gleich viel Steuern zahlen. Aber es macht einen Unterschied, wer von beiden welchen Anteil der gemeinsamen Steuerlast tragen muss. Denn es kommt eben nicht auf dasselbe raus: Menschen sind in Steuerfragen nicht immer rational. Für Frau Mustermann sieht es so aus, als läge ihre Steuerlast bei 326 Euro. Ihre Steuerlast ist zwar eigentlich eine andere, aber Studien legen nahe, dass die unmittelbar erkennbare Steuerlast das Ehepaar beeinflussen kann.[4] Wenn Frau Mustermann lediglich auf ihren Gehaltszettel schaut, anstatt auf das gesamte Familieneinkommen, könnte tatsächlich der Eindruck entstehen, dass sich ihre Arbeit kaum lohnt. Insbesondere, wenn sie sich aufgrund ihrer Berufstätigkeit auch noch selbst versichern muss und nicht mehr über ihren Mann mitversichert ist. Sollten die Mustermanns außerdem in einer Kommune leben, in der vergleichsweise hohe Gebühren für die Betreuung ihrer Kinder verlangt werden, dann liegt der Gedanke, ob es sich überhaupt rentiert, zur Arbeit zu gehen, nahe. Denn die Gebühren orientieren sich am Gesamteinkommen beider

Elternteile. Das wäre allerdings sehr kurzfristig gedacht, denn langfristig ist es ein finanzielles Desaster, nicht oder nur wenig zu arbeiten. Und zwar nicht erst mit Blick auf die Rente: In der unattraktiven Lohnsteuerklasse V sind zu 90 Prozent Frauen.[5] Ihr Einkommen ist sowieso bereits geringer als das ihrer Partner. Wenn sie zusätzlich in der Lohnsteuerklasse V sind, reduziert sich ihr Nettoeinkommen noch weiter. Viele Sozialleistungen orientieren sich aber an genau diesem Nettoeinkommen. Das Arbeitslosengeld genauso wie das Krankengeld und Elterngeld. Die Lohnersatzleistungen fallen dann aufgrund der schlechten Steuerklasse noch einmal niedriger aus.

Bereits heute können Ehepaare statt der Steuerklasse III/V auch die Kombination IV/IV wählen. Diese hat den Vorteil, dass beide Partner demselben Steuertarif unterliegen. Herr Mustermann müsste dann 434 Euro Steuern zahlen, Frau Mustermann lediglich 127 Euro. Und am Ende des Jahres bekäme das Paar eine Erstattung in Höhe von 193 Euro, den Splitting-Vorteil. Seit 2010 gibt es noch eine dritte Möglichkeit, um bereits während des Jahres vom Splittingvorteil zu profitieren. Beim Faktorverfahren errechnet das Finanzamt anhand der voraussichtlichen Jahresverdienste der Ehepartner einen Faktor, der dafür sorgt, dass der monatliche Lohnsteuerabzug der tatsächlichen Jahressteuerschuld des Paares möglichst nahe kommt. Bei der Kombination IV/IV mit diesem Faktor zahlt Herr Mustermann 422 Euro und seine Ehefrau 123 Euro im Monat. Das Verfahren ist das genaueste, denn am Jahresende stehen weder eine Nachzahlung noch eine Erstattung an. Zudem ist es das gerechteste. Für die Familie wäre endlich auf den ersten Blick erkennbar, dass sich die Arbeit von Frau

Mustermann durchaus lohnt. Denn es ist doch absurd, dass sie in der Steuerklasse V mehr Steuern zahlt als ihr Mann, obwohl sie weniger verdient.

Das Problem: Es gibt die bessere Lösung, die Steuerklassenkombination IV/IV mit Faktor. Aber nicht einmal 1 Prozent der Ehepaare hat sich für das Faktorverfahren entschieden. Stattdessen nutzen 72 Prozent der Ehepaare die Kombination III/V und 28 Prozent immerhin die Kombination IV/IV.[6] Eine gesetzliche Regelung, mit der die Steuerklassenkombination IV/IV mit Faktor zur Norm wird, könnte das ganz leicht ändern. Es müsste weder das Ehegattensplitting angefasst noch eine neue Steuerklasse eingeführt werden. Eine gute gesetzliche Regelung, die seit mehr als acht Jahren existiert, müsste lediglich zum Standard erklärt werden. Das könnte schnell beschlossen werden. Ohne große Dramen. Familien könnten dann endlich auf den ersten Blick sehen, ob sich z. B. eine Aufstockung der Arbeitsstunden für sie lohnt, ohne lange rechnen zu müssen.

Deutlich komplizierter wäre hingegen eine Reform der Besteuerung von Familien insgesamt. Aber nur weil ein Thema schwierig ist, heißt es nicht, dass wir es nicht anpacken sollten. Denn momentan ist das Steuersystem gegenüber Familien vor allem eines: ignorant. Das merkt nur kaum jemand, denn das Ehegattensplitting verursacht keinen Skandal. Mit dem Ehegattensplitting lassen sich keine Titelseiten füllen. Es versteckt sich stattdessen unauffällig im Steuerbescheid, den sich die meisten Menschen sowieso nur ungern ansehen. Vielleicht müsste das Ehegattensplitting aus der deutschen Nationalmannschaft zurücktreten, dann wäre es endlich in aller Munde.

Bisher gilt ein Trauschein als Wertpapier mit ordentlicher Rendite. Das stimmt zwar nur zum Teil, denn es spart nicht automatisch Steuern, zu heiraten. Partner, die das gleiche Einkommen haben, zahlen nach einer Hochzeit nicht weniger als vorher. Stattdessen wird die Eheschließung von zwei Menschen belohnt, die unterschiedlich viel verdienen. Das kostet den Staat etwa 22 Milliarden Euro pro Jahr[7] und funktioniert so: Zusammenlebende Ehepaare können bei der Einkommensteuererklärung entscheiden, ob sie sich gemeinsam oder einzeln besteuern lassen. Wenn sie die Zusammenveranlagung wählen, dann werden ihre Einkünfte zwar zunächst getrennt berechnet, dann aber addiert. Sie gelten jetzt als ein Steuerpflichtiger, und alle Freibeträge und Abzüge werden ihnen gemeinsam zugerechnet. Um die Steuerschuld zu berechnen, wird ihr Einkommen anschließend halbiert, also gesplittet, und den Partnern jeweils hälftig zugerechnet. Je größer der Einkommensunterschied, desto größer ist der Steuervorteil im Vergleich zur individuellen Besteuerung. Am meisten profitiert die Alleinverdienerehe. Ein Paar, bei dem ein Teil sehr gut, der andere gar nicht verdient, kann so im Jahr mehr als 15 000 Euro Steuern sparen.[8]

Die 22 Milliarden Euro, die das Ehegattensplitting jährlich kostet, laufen offiziell unter Familienförderung. Dabei sind 10 Prozent der Ehen, die von dem Instrument profitieren, kinderlos.[9] Weitere 30 Prozent des Splittingeffekts entfallen auf Eltern ohne steuerlich zu berücksichtigende Kinder. Denn beim Ehegattensplitting spielt es keine Rolle, ob die Kinder längst aus dem Haus sind. Das Ehegattensplitting ist eine Förderung der Ehe, nicht der Familie. Besonders deutlich wird das bei Paaren, die zwar zusammenleben und gemeinsam Kinder haben, aber nicht verheiratet sind. Sie profitieren trotz ihrer Kinder gar nicht vom Ehegattensplitting. Dabei lebt inzwischen jedes dritte Kind nicht in einer Ehe.[10]

Alleinerziehende stehen steuerlich sogar deutlich schlechter da als ein verheiratetes Paar ohne Kinder. Mirna Funk schrieb deshalb bei ›Zeit Online‹: »Ich suche einen Mann oder eine Frau, der/die am besten gar nicht arbeitet, aber auch kein Hartz IV bekommt. Ein Privatier wäre steuerlich gesehen das Allerbeste für mich. Diese Privatiers jedenfalls können sich gerne bei mir melden. Ich würde sie in einer standesamtlichen Trauung ehelichen, ohne dass wir uns danach je wiedersehen müssen. Ich hätte nämlich gerne meine mir zustehenden 640 Euro mehr monatlich auf dem Konto. Also: Meldet euch!«[11] 640 Euro sind nach ihrer Rechnung das Geld, das sie jeden Monat an Steuern sparen würde, wenn sie verheiratet wäre. Die Idee ist natürlich Quatsch, denn mit einer Ehe sind auch Pflichten verbunden, aber das Beispiel zeigt deutlich, wie viel das Ehegattensplitting mit Kindern zu tun hat: nichts.

Natürlich soll der Staat Ehen unterstützen. Er erwartet von Ehepartnern schließlich auch, dass sie Verantwortung füreinander übernehmen. Sie sind verpflichtet, sich bei Krankheit, Arbeitslosigkeit und anderen Risiken des Lebens gegenseitig zu unterstützen. Wenn die Rente nicht reicht oder zu wenig Geld für die Wohnung da ist, müssen sich Verheiratete aushelfen. Sozialleistungen wie BAföG und Wohngeld fallen weg, wenn der Partner oder die Partnerin zu viel verdient. Klar sollten wir das bei der Steuer berücksichtigen. Aber dafür sind die übertragbaren Grundfreibeträge da. Das restliche Geld brauchen wir für echte

Familienförderung, die den Namen auch verdient. Nicht für eine Eheförderung, die vorgibt, sie ermögliche den Familien Wahlfreiheit hinsichtlich ihrer gewünschten Arbeitsteilung[12] (so argumentiert zum Beispiel die ehemalige Familienministerin Christina Schröder)[13]. Denn mithilfe des Ehegattensplittings könnten es sich Familien leisten, dass ein Elternteil zu Hause die Kinderbetreuung übernehme und nicht oder weniger arbeite, lautet die gängige Argumentation.[14] Das mag für alle stimmen, die auf ein zweites Einkommen verzichten können. Aber auch nur für diese. Und selbst dort sind die Auswirkungen des Ehegattensplittings problematisch: Denn zwar ist das gemeinsame Haushaltseinkommen des Paares dank des Steuervorteils größer, aber die Position des Elternteils, der beruflich kürzertritt, verschlechtert sich deutlich. Viele Paare behaupten zwar, sie würden alles auf ein Konto einzahlen und jeder nehme sich, was er brauche. Aber tatsächlich haben Studien ergeben, dass die Person, die mehr einzahlt, auch mehr Zugriffsrechte auf das Konto hat. Wer das Geld einbringt, entscheidet häufiger, was davon gekauft wird.[15]

Zudem lenken die kurzfristigen Vorteile des Ehegattensplittings von den Risiken ab. Aufgrund der gemeinsamen Veranlagung wird das geringere Einkommen mit einem Grenzsteuersatz belastet, der höher ist, als es dem Einkommen eigentlich entspräche.[16] Übersetzt heißt das: Es ist in der Regel das Einkommen der Frau, das sinkt, weil es mit dem Steuersatz belegt wird, der für den letzten Euro des Mannes gelten würde. Aufgrund unseres progressiven Steuersystems, bei dem der Steuersatz mit steigendem Einkommen ansteigt, kann durch zusätzliche Arbeit also immer weniger zusätzliches Geld verdient werden. In Kombination mit der Notwendigkeit, sich selbst zu versichern, und Kita-Gebühren, die sich am gemeinsamen Einkommen orientieren, ist das ein starker Anreiz, weniger zu arbeiten.[17] Verheiratete Frauen entscheiden sich unter anderem deshalb häufiger gegen die Erwerbstätigkeit oder eine Ausweitung ihrer Arbeitszeiten.[18] Langfristig sinken dadurch ihre Einkommenschancen, denn je länger sie pausieren oder nur wenige Wochenstunden arbeiten, desto stärker verlieren sie den Kontakt zum Arbeitsmarkt. Im Fall einer Scheidung kann das fatal sein. Für die Alterssicherung ist es das auf jeden Fall. Der Rat der Europäischen Union hat deshalb 2017 zum wiederholten Mal die Fehlanreize des Ehegattensplittings und die kostenfreie Mitversicherung kritisiert.[19]

Eine Politik, die sich an Familien orientiert, müsste das Vorhandensein von Kindern in den Vordergrund stellen. Nicht den Ehestatus. Berufstätigkeit muss sich für beide Eltern lohnen[20] und darf nicht unter anderem aufgrund des schwindenden Splittingvorteils zu einer Beschäftigungstherapie für das Elternteil werden, das weniger verdient.[21] Wir brauchen ein System, das Müttern und Vätern dieselben Chancen bietet, sich sowohl in ihrem Beruf zu engagieren, wie auch eine eigene Altersvorsorge aufzubauen und vor allem Zeit mit ihren Kindern zu verbringen. Natürlich sollen alle Eltern, die nur wenige Stunden in der Woche (oder auch überhaupt nicht) arbeiten wollen, sich dafür entscheiden können. Ohne jedes Hindernis. Wenn ihre Entscheidung aber aufgrund unseres Steuer- und Sozialsystems anders ausfällt, als sie dies mit neutraleren Regelungen würde, dann läuft etwas falsch. Es ist an der Zeit, endlich unser Einkommensteuer- und Sozialversicherungsrecht weiterzuentwickeln. Trotzdem steht das Ehegattensplitting natürlich nicht alleine am Pranger. Steuerpolitik existiert nicht in einem leeren Raum. Viele andere Faktoren und Politikfelder beeinflussen innerfamiliäre Entscheidungen über ihre Arbeitsteilung.

Das Ehegattensplitting sei doch alternativlos, versuchen es manche verzweifelt zu verteidigen. Ein anderes System wäre gar nicht möglich, denn die Verfassung schreibe es vor. Aber das stimmt nicht: Das heutige Ehegattensplitting geht auf ein Urteil des Bundesverfassungsgerichts aus dem Jahr 1957 zurück. Bis dahin waren Ehegatten gegenüber Unverheirateten bei der Steuer benachteiligt, denn sie wurden zusammen veranlagt und haben deshalb mehr Steuern gezahlt als vor ihrer Hochzeit. Aufgrund der steuerlichen Progression mussten sie auf die zusammengerechneten Einkünfte einen höheren Steuersatz zahlen, als sie auf ihre isoliert betrachteten Einkommen gezahlt hätten. In der Konsequenz wurde das bis heutige gültige Splittingverfahren eingeführt.

Dabei handelt es sich um »keine beliebig veränderbare Steuer-›Vergünstigung‹, sondern – unbeschadet der näheren Gestaltungsbefugnis des Gesetzgebers – eine an dem Schutzgebot des Art. 6 Abs. 1 Grundgesetz und der wirtschaftlichen Leistungsfähigkeit der Ehepaare (Art. 3 Abs. 1 GG) orientierte sachgerechte Besteuerung«.[22] Ja, es stimmt, das Ehegattensplitting ist »keine beliebig veränderbare Steuervergünstigung«, aber es ist änderbar. Bei der Berechnung der Einkommensteuer müssten Ehepaare zwar weiterhin ihre zwei Grundfreibeträge als steuerfreies Existenzminimum geltend machen können (derzeit in Höhe von jährlich jeweils 9 168 Euro, bzw. 18 336 Euro bei gemeinsamer Veranlagung), und zwar ganz egal, wer von ihnen wie viel verdient. Verfassungsrechtlich nicht erforderlich ist jedoch der Progressionsvorteil, der durch das Splitting (also die fiktive Halbierung der Gesamteinkünfte des Paares) entsteht. Die Abschaffung des Ehegattensplittings könnte die Steuereinnahmen des Bundes um bis zu 15 Milliarden Euro im Jahr erhöhen.[23] Dieses Geld könnte für eine Familienförderung eingesetzt werden, die den Namen auch verdient.

Die Abschaffung des Ehegattensplittings würde auch die Ehe stärken. Denn trotz vieler Reformen des Familienrechts ist die Ehe noch nicht in der Gegenwart angekommen. Wenn wir stabile Ehen fördern wollen, dann müssen wir Männern und Frauen ermöglichen, gleichberechtigt zu leben. Das Ehegattensplitting ist ein Relikt aus längst vergangenen Zeiten. Aus Zeiten, in denen Ehe und Familie noch dasselbe waren und nur wenige Frauen gearbeitet haben. Die Ehe hat noch immer einen großen Wert. Für jeden individuell und für uns als Gesellschaft. Sie erleichtert es Paaren, gute und gerechte Regelungen für ihre langfristige Partnerschaft zu finden. Denn mit jedem Schritt im Leben, wie zum Beispiel dem Kauf einer gemeinsamen Wohnung und vor allem dem ersten Kind, wachsen die Bereiche, für die wir einen rechtlichen Rahmen brauchen. Individuell lassen sie sich nur schwer regeln. Wer möchte, dass die Ehe für Paare attraktiv ist und bleibt, muss sie ins Heute überführen.

Aber was könnten Alternativen zum Ehegattensplitting sein? Klar ist, dass es Regelungen sein müssten, die Kinder in den Vordergrund stellen. 65 Prozent der Bevölkerung wünschen sich eine stärkere Berücksichtigung von Kindern bei der Steuer, unabhängig vom Familienstand der Eltern.[24]

Klar ist auch, dass unser Steuerrecht so kompliziert ist, dass wir nicht an kleinen Schräubchen drehen könnten und schon stünden Familien steuerlich besser da.

Häufig wird das Familiensplitting als eine mögliche Alternative genannt. Bereits 1982 kündigte der damalige Bundeskanzler Helmut Kohl in einer Regierungserklärung an, dass er bis 1984 das Familiensplitting einführen wolle. Daraus ist bis heute nichts geworden, aber die Idee des Familiensplittings ist noch immer verbreitet. Klar, das Wort klingt ja auch erst einmal gut, so schön nach Familie. Der Name suggeriert in erster Linie eine Förderung von Familien bzw. Kindern. Dabei ist das Familiensplitting vor allem ein aufgehübschtes Ehegattensplitting. Das französische System des »quotient familial«, das oft als Vorbild genannt wird, taugt nur bedingt als solches. Denn bei diesem Familiensplitting wird das Familieneinkommen durch die Zahl der Haushaltsangehörigen geteilt.[25] Für ein kinderloses Ehepaar ist das Familiensplitting nichts anderes als ein Ehegattensplitting. Darüber hinaus werden in Frankreich die ersten beiden Kinder halb gezählt, jedes weitere ganz. Das Einkommen einer Familie mit drei Kindern wird also in vier Teile gesplittet und dann besteuert. Das ist günstiger, als wenn nur einmal auf das Gesamteinkommen Steuern erhoben werden würden, da dann auch der Steuersatz höher wäre als bei dem geteilten Einkommen.

In Deutschland spielt es beim Ehegattensplitting hingegen gar keine Rolle, ob in einer Ehe Kinder leben. Die meisten Familien in Deutschland stehen mit den steuerlichen Freibeträgen für Kinder trotzdem besser da, als sie es mit dem französischen System tun würden. Denn der Steuervorteil durch das Familiensplittingverfahren ist in Frankreich gedeckelt. Unser jetziges System ist dagegen in fast allen Konstellationen großzügiger als das französische Familiensplitting.[26] Zudem ist das Familiensplitting sowieso der falsche Weg. Denn das Ehegattensplitting würde weiterhin existieren. Mit all seinen problematischen Auswirkungen. Unter dem Deckmantel der Familienfreundlichkeit würde versucht, ein Relikt aus vergangenen Zeiten irgendwie in die Gegenwart zu retten. Damit lassen sich die zusätzlichen Steuermindereinnahmen, die durch das Familiensplitting entstünden, jedenfalls nicht rechtfertigen.[27]

Eine echte Alternative wäre, alle Steuerpflichtigen individuell zu besteuern. Die gemeinsame Veranlagung und mit ihr der Splittingvorteil würden dann wegfallen. Jeder der beiden Ehegatten könnte aber weiterhin seinen Grundfreibetrag, also die steuerliche Freistellung des Existenzminimums, geltend machen. Wer seinen Grundfreibetrag selbst gar nicht oder nicht komplett ausschöpft, könnte ihn ganz oder teilweise auf den Partner übertragen. Dieses Modell würde Paaren endlich echte Wahlfreiheit ermöglichen und ihnen nicht in ihre Arbeitsteilung reinreden. Das Ehegattensplitting ist alles andere als neutral, denn es begünstigt Allein- und Zuverdienerehen. Gleichberechtigte Partnerschaften profitieren hingegen nicht. Wir nehmen damit Eltern die Chance, gleichermaßen für ihre Kinder da zu sein, und Kindern die Chance, viel Zeit mit beiden Eltern zu verbringen. Von der individuellen Besteuerung gehen hingegen keine negativen Arbeitsanreize aus.[28] Eltern könnten endlich freier entscheiden, welche Aufteilung zwischen Arbeit, Familie und sonstigen Bereichen des Lebens am besten zu ihnen passt. Und zwar, ohne dass der Staat eine dieser Entscheidungen belohnen oder gar bestrafen würde.

Keine der Alternativen zum Ehegattensplitting ist perfekt. Das ideale Steuermodell, das alle Probleme löst und keine neuen Ungerechtigkeiten mit sich bringt, gibt es nicht. Aber trotzdem sollten wir um ein besseres System kämpfen. Auch wenn das unbeliebt sein mag, denn im Moment profitieren sehr viele Wählerinnen und Wähler vom Ehegattensplitting. Bei einer Reform (selbst wenn sie aufgrund des Vertrauensschutzes für bestehende Ehen schrittweise erfolgt) gibt es zwangsläufig Gewinner und Verlierer. Aber wir als Gesellschaft können nur gewinnen, und darauf kommt es an. Unsere Generation ist längst vom Ein- zum Zweiverdienermodell gewechselt. Wir wollen gleichberechtigte Beziehungen leben. Dazu passt das Ehegattensplitting nicht. So, wie die riesigen Wohnzimmerwandschränke aus unseren Leben verschwunden sind, muss auch das Ehegattensplitting aus dem Steuersystem verschwinden. Schade, dass es keinen Abgasskandal verursachen kann, dann wären wir heute schon weiter.

POLITIK,
DIE IHRE (BETREUUNGS-)VERSPRECHEN HÄLT

Stellen wir uns kurz vor, Sie wären Politikerin oder Politiker. Was würden Sie machen: Mühsam alle (Wahl-)Versprechen der Vergangenheit abarbeiten? Eine große Meldung ist das nicht. »Politikerin setzt um, was sie angekündigt hat« ist keine Schlagzeile (leider!). Da ist es doch schöner, bei Twitter oder Facebook neue Versprechen auf bunten Täfelchen zu teilen, oder? Dabei läse ich viel lieber: »Alle Eltern, die möchten, bekommen einen Kita-Platz für ihr Kind.« Denn bei der Kinderbetreuung sind wir längst noch nicht dort, wo wir sein sollten. Zwar gibt es seit 2013 einen Rechtsanspruch auf einen Betreuungsplatz für Kinder ab einem Jahr, aber das hilft kaum weiter, wenn Erzieher fehlen. Ein Gesetz wechselt schließlich keine Windel. Ein Gesetz singt keine Lieder im Morgenkreis und macht keine Motorikübungen. Ein Gesetz ist nicht liebevoll und kann nicht trösten.

Immer mehr Kinder werden in Kindertageseinrichtungen oder in öffentlich geförderter Kindertagespflege betreut. Zuletzt waren es fast 790 000 Kinder unter drei Jahren. Das sind 5,7 Prozent mehr als 2016.[1] Trotzdem fehlen noch immer 273 000 Betreuungsplätze.[2] Für Eltern bedeutet das dann: »Tut uns leid, die Plätze in unserer Kita sind für die nächsten drei Jahre bereits vergeben.« Oder: »Wir nehmen nur noch Geschwisterkinder.« Und im besten Fall: »Wir setzen euch auf die Warteliste.« In ihrer Not schreiben verzweifelte Eltern Kleinanzeigen mit der Überschrift: »Suche dringend Kita-Platz für meine fröhliche Tochter.« Allein in Berlin fehlten im vergangenen Jahr 3000 Kita-Plätze.[3] Familien, die dagegen auf die Straße gegangen sind, trugen Schilder mit der Aufschrift »Niere gegen Kita-Platz«. Auf einem Buggy stand »Wartelistenplatz Nr. 374«.

Für die Eltern ist es ein Drama, wenn sie nicht rechtzeitig einen Betreuungsplatz für ihr Kind finden. Nicht nur aufgrund des fehlenden Einkommens, während der Zeit, die sie nicht zurück an ihren Arbeitsplatz können, sondern weil ihnen auch eine Kündigung drohen könnte. Die Elternzeit »mal eben verlängern«: Das funktioniert nicht so einfach, denn der Arbeitgeber muss zustimmen. »Eltern, die zur Arbeitsagentur müssen, weil sie keinen Kinderbetreuungsplatz gefunden haben, sind keine Einzelfall-Exoten«, sagt Sandra Runge. Die Fachanwältin für Arbeitsrecht hat häufig solche Fälle auf dem Tisch. Trotzdem sehen viele Eltern, die keinen Betreuungsplatz gefunden haben, davon ab, ihren Rechtsanspruch gerichtlich geltend zu machen. Denn »irgendeinen« Platz wollen die meisten Eltern nicht. Ein vertrauensvolles Verhältnis zu den Betreuern ist ihnen (keine Überraschung) wichtig.[4]

Wie schwierig es ist, einen guten Betreuungsplatz zu finden, hängt vor allem vom Wohnort ab. In Frankfurt an der Oder sind 89,6 Prozent der Ein- und Zweijährigen in einer Kindertagesbetreuung, während im Berchtesgadener Land nur 19,5 Prozent eine Einrichtung besuchen.[5] Eine hohe Inanspruchnahme bedeutet zwar nicht, dass die Wünsche aller Eltern erfüllt werden. Dennoch ist die Lücke zwischen dem Betreuungsbedarf der Eltern und der Betreuungsquote in den ostdeutschen Bundesländern durchschnittlich niedriger.

Um das Betreuungsproblem zu lösen, braucht es vor allem eines: mehr Kita-Plätze und motivierte, gut ausgebildete Erzieherinnen und Erzieher. Der Alltag vieler Eltern wäre aber bereits heute entspannter, wenn die vorhandenen Plätze besser vergeben werden würden. Denn viele Mütter und Väter starten bereits mit einem positiven Schwangerschaftstest die Suche nach einer Kita für ihr Kind. Um am Ende bloß nicht ohne einen Platz dazustehen, melden sie sich bei möglichst vielen Kitas an. Engagierte Mütter und Väter legen Excel-Tabellen an, um ihre Chancen auf einen Kita-Platz zu erhöhen. Dort notieren sie dann, ob sie bei der Kita-Leitung besser persönlich und telefonisch nachhaken sollen und ob sie sich diese Woche bereits gemeldet haben. Die Sommerfeste der Kitas, bei denen das Kind auf der Warteliste steht, dürfen natürlich auch nicht verpasst werden. Das ist frustrierend für alle. Denn wenn sich alle Eltern bei allen Kitas auf die Wartelisten setzen lassen, dann werden die Listen immer länger und länger. Eltern können nicht mehr einschätzen, wie wahrscheinlich es ist, dass es mit dem Kita-Platz noch klappt. Kita-Leiterinnen und -Leiter wissen nicht, welche Eltern wirklich zu ihnen wollen und wer zwischenzeitlich längst einen anderen Vertrag unterschrieben hat. Warum gibt es keine zentrale Vergabestelle, um das für alle nervige Überall-Anmelden zu beenden?

Ein solches System wäre kompliziert. Es müsste berücksichtigen, ob den Eltern ein Wald- oder ein Bewegungskindergarten lieber ist, ob sie einen kirchlichen Träger wünschen oder sich in einer Elterninitiative wohler fühlen. Die erforderlichen Betreuungszeiten (nur vormittags oder bis zum späten Abend?) müssten genauso einbezogen werden wie die Entfernung zum Wohnort oder Arbeitsplatz. Das System müsste beachten, dass Geschwisterkinder am besten in derselben Einrichtung untergebracht werden sollten und dass eine Kita-Gruppe nicht nur aus dreijährigen Mädchen bestehen kann. Viele Einrichtungen vergeben ihre Plätze bereits heute primär an Doppel-Berufstätige und Alleinerziehende. Sobald für ein Kind ein Platz gefunden wurde, kann es dann von der Vormerkliste gestrichen werden. Kommunen wüssten genau, wie hoch der aktuelle Bedarf an Betreuungsplätzen ist. Eltern müssten sich nicht mehr überall anmelden. Aber leider ist es mit dem Kita-Gerangel wie mit vielen anderen Problemen: Wäre das privat, wäre es längst gelöst. Kein Unternehmen würde sich diese Ineffizienz leisten. Manche Kommunen haben sich zwar schon an einer zentralen Vergabe versucht. Einige mit Unterstützung eines Start-ups. Aber jeder tüftelt irgendwie für sich, anstatt auf eine gemeinsame Lösung zu setzen.

Die meisten Kita-Plätze werden im August frei, wenn die älteren Kinder in die Schule wechseln. Für Eltern, die ihr Kind im Dezember gezeugt haben, ist das kein Problem. Wehe aber, ein Kind kommt auf die Idee, im März Geburtstag zu haben. Dann läuft zwar nach ungefähr einem Jahr (je nachdem, ob die Partnermonate in Anspruch genommen werden) das Elterngeld aus, aber einen Kita-Platz gibt es dann nicht. Und im August beginnt für die Erzieherinnen und Erzieher der Eingewöhnungsstress, wenn viele Kinder sehr dicht hintereinander ihren Platz in den Gruppen finden müssen. Wären die Neuaufnahmen über das ganze Jahr verteilt, würde das alle entlasten. Aber dafür müssten auch Vorhaltungsplätze finanziert werden und ausreichend Personal in den Einrichtungen arbeiten. Momentan nicht mehr als ein Traum.

Wenn ein Kind dann endlich einen Kita-Platz bekommen hat, gilt es als versorgt. Kita-Platz ist Kita-Platz. Untergebracht ist untergebracht. Ob der Platz den Bedürfnissen der Eltern entspricht, spielt keine Rolle. Aber es ist für Eltern nicht egal, wann sie ihr Kind betreuen lassen können. Mehr als die Hälfte aller Eltern bräuchte auch außerhalb der Kernzeit von 8 bis 17 Uhr eine gesicherte Betreuung.[6] Aber sie tauchen in keiner Statistik auf. Denn sie hatten schließlich das Glück, einen Kita-Platz zu bekommen. Doch wenn Arbeits- und Betreuungszeiten nicht übereinstimmen, dann hilft ihnen das auch nur begrenzt weiter.

Wir reden hier noch nicht einmal von Ganztagskitas und Samstagsbetreuung. Wir reden von ganz normalen Arbeitszeiten bei einer Vollzeitstelle. Erweiterte Öffnungszeiten würden viele Eltern unterstützen.[7] Im Krankenhaus genauso wie in der Gastronomie und der Bäckerei. Vor allem Alleinerziehenden würden erweiterte Öffnungszeiten helfen. Mehr als jede Vierte arbeitet abends. Fast die Hälfte muss mindestens alle drei bis vier Wochen auch samstags arbeiten.[8] Die Möglichkeit, das Kind ausnahmsweise länger in der Kita lassen zu können, wenn ein Meeting länger dauert oder Stau auf der Autobahn ist, würde die Tage vieler Eltern entspannen.[9] Natürlich müssen dabei auch die Bedürfnisse der Kinder beachtet werden. Aber diese kommen mit flexiblen Zeitstrukturen gut zurecht, wenn das pädagogische Konzept geeignet ist.[10]

Auch die Schließzeiten der Einrichtungen sind ein Problem für viele Familien. Andrea lebt mit ihrem Mann Peter und drei Kindern in Leverkusen. Sie ärgert sich über die vielen Kita-freien Tage: »Wir verbraten wahnsinnig viel freie Zeit, um die ganzen Brückentage zu überbrücken. Ich habe 36 Tage Urlaub im Jahr. Und trotzdem habe ich das Gefühl, dass das nicht reicht. Wenn ich Urlaub nehme, dann ist ein Brückentag, der Nikolaus kommt in den Kindergarten oder ich muss zu einer Vorsorgeuntersuchung. Mit Mühe und Not kratze ich dann zwei Wochen Urlaub im Sommer zusammen.« Peter stört vor allem, dass jede Einrichtung ihrer Kinder unterschiedliche Schließzeiten hat: »Der eine hat nach Fronleichnam zu, der andere nach Himmelfahrt.« Zwar bestünde zumindest im Sommer die Möglichkeit, ihre Kinder in eine andere Kita zur Sommerferienvertretung im nächsten Stadtteil zu bringen, aber das sei doch keine Lösung. »Ich gebe die Kinder doch nicht bei komplett fremden Erziehern ab. Die wollen an denselben Ort und brauchen dieselben Bezugspersonen. Das verstehen viele Kinderlose offensichtlich nicht. Kinderbetreuung ist nicht irgendeine Dienstleistung, die man delegieren kann. Kinder brauchen, gerade wenn sie klein sind, feste Bezugspersonen.« Andrea und Peter träumen von einem besseren Betreuungsschlüssel, der es Erzieherinnen und Erziehern auch unter dem Jahr ermöglicht, Urlaub zu nehmen, um die Kita nicht im Sommer schließen zu müssen. Denn selbst mit zwei verantwortlichen Elternteilen, die gegenüber Alleinerziehenden im Vorteil sind, stößt ein Betreuungssystem schnell an seine Grenzen. Die Alternative wäre, als Paar komplett getrennt Urlaub zu nehmen. Aber was wären das für Familien ohne gemeinsame Zeit? Ohne gemeinsame Ferien?

Manuela und Jens hatten Glück. Sie haben schnell Kita-Plätze gefunden. Die Familie lebt in einem Dorf mit weniger als 1000 Einwohnern in Niedersachsen an der Grenze zu Nordrhein-Westfalen. Die nächste Stadt ist viele Kilometer entfernt. Ihr ältester Sohn ist sechs Jahre alt (oder wie er sagt: »Vier Zähne raus und einen Wackelzahn«), der mittlere drei Jahre und der jüngste sieben Monate. Jens arbeitet Vollzeit im Werkzeugbau für die Automobilindustrie. Manuela ist Arzthelferin und gerade zum dritten Mal in Elternzeit. Sie weiß noch nicht, wie lange sie dieses Mal zu Hause bleiben wird. Die Elternzeit beim ersten und zweiten Kind war kürzer als ursprünglich geplant. Ihr Chef hatte sie mehrfach angerufen und gefragt, ob sie nicht doch Lust habe, früher wieder zu arbeiten, denn sie fehle in seiner Praxis. Manuela hat sich zur entlastenden Versorgungsassistentin fortgebildet und kann niedergelassene Ärzte unterstützen. Sie darf zu älteren Patienten fahren, die nicht mehr mobil sind, und beispielsweise Blut abnehmen. Mit dieser Hilfe können Ärzte die Zahl der Hausbesuche reduzieren, ohne dass darunter die Versorgungsqualität leidet. Auf dem Land, wo es zunehmend weniger Hausärzte gibt, wird Manuelas Arbeit immer wichtiger.

Doch mit Beginn der Berufstätigkeit steigen erst einmal die Kosten. Viele Familien, die im ländlicen Raum leben, brauchen dann zwei Autos. Der Splittingvorteil des Ehegattensplittings schmilzt dahin. Die Kita-Gebühren für die Kinder müssen bezahlt werden. Das sind Punkte, die Familien einkalkulieren, wenn sie überlegen, ob es sich für sie lohnt, wenn beide arbeiten gehen. Wer jedoch vermutet, dass Mütter in Regionen, in denen ihnen eine kostenlose Kinderbetreuung zur Verfügung steht, häufiger und länger arbeiten, liegt falsch. Einer Studie des Bonner Instituts zur Zukunft der Arbeit (IZA) zufolge haben die Kosten der Kinderbetreuung keinen Einfluss auf die Müttererwerbstätigkeit.[11]

Auch Manuela und Jens hätten ihre Kinder nicht früher in den Kindergarten gegeben, wenn sie keine Beiträge hätten zahlen müssen. Trotzdem sind die hohen Kita-Gebühren ein Punkt, den Jens nicht versteht: »Warum bekommen wir zuerst das Kindergeld, und hinterher wird es uns vom Kindergarten direkt wieder weggenommen?« Er sagt, er verdiene das gleiche wie ein Kollege, aber die Kita-Gebühren, die er zahlen müsse, seien sechs Mal so hoch wie die des Kollegen, der in der Nachbargemeinde lebt. Das liegt daran, dass jede Kommune selbst festlegen kann, wie stark sie die Eltern an den Betreuungskosten beteiligen will. Die meisten Städte und Gemeinden orientieren sich dabei am Brutto- oder Nettoeinkommen der Eltern und setzen Einkommensstufen fest.[12] Wer in Kaiserslautern oder Heilbronn lebt, hat Glück gehabt, und muss gar nichts zahlen. Im Rhein-Sieg-Kreis und in Cottbus sind die Kita-Beiträge hingegen besonders hoch. Berlin hat als erstes Bundesland die Gebühren komplett abgeschafft. In Rheinland-Pfalz ist der Kita-Besuch ab zwei Jahren kostenfrei, in Niedersachsen und Hessen ab drei Jahren. Wenig überraschend haben Eltern nichts gegen diese finanzielle Entlastung: solange es nicht auf Kosten der Qualität geht.[13] Momentan wäre das aber so. Kostenlose Kitas liefern die besseren Schlagzeilen. Die bessere Politik sind sie aber nicht. Denn Kinderbetreuung ist viel mehr als am Sandkasten zu sitzen und aufzupassen, dass kein Kind dem anderen mit der Schaufel eins überzieht. Die Anforderungen an Erzieherinnen und Erzieher, die täglich mit Kindern aus verschiedenen sprachlichen, kulturellen und sozialen Hintergründen arbeiten, sind hoch.

Es reicht nicht, wenn ein Kind am Ende des Kita-Tages satt, sauber und ohne Verletzungen an die Eltern zurückgegeben wird. Erzieherinnen und Erzieher brauchen Zeit, um eine echte Beziehung zu den Kindern aufzubauen, um sie zu fördern und nicht nur zu verwahren. Sie brauchen Zeit, um sich fortzubilden und um trotz der hohen Erwartungen, die an sie gestellt werden, selbst gesund zu bleiben. Je schlechter die Rahmenbedingungen in einer Kita sind, desto schlechter geht es den Erzieherinnen und Erziehern. Während sich bei einem guten Personalschlüssel mehr als 77 Prozent der Befragten bei guter Gesundheit fühlen, sinkt die subjektive Gesundheit bei schlechten Bedingungen auf knapp über 50 Prozent.[14] Bisher gibt es keine bundeseinheitlichen, verbindlichen Standards, wie viele Kinder von einer Fachkraft betreut werden sollten. In Sachsen betreut eine Fachkraft 6,5 Kleinkinder unter drei Jahren. In Baden-Württemberg ist sie für weniger als die Hälfte verantwortlich. Der Personalschlüssel liegt bei 3,2.[15]

In der Realität ist der Fachkräfteschlüssel überall noch schlechter. Erzieherinnen und Erzieher werden krank, sie besuchen Fortbildungen und müssen die Entwicklung ihrer Kinder dokumentieren. Ein guter Betreuungsschlüssel auf dem Papier heißt deshalb noch lange nicht, dass in jeder Kita-Gruppe ausreichend Personal ist. Außerdem werden Auszubildende und Seiteneinsteiger voll auf den Betreuungsschlüssel angerechnet, obwohl sie noch keine Fachkraft ersetzen können. Berlin hat die Anforderungen an Erzieherinnen und Erzieher sogar noch stärker gesenkt. Ein

Drittel der Mitarbeiter einer Kita dürfen ohne pädagogische Ausbildung sein.[16] Das klingt, als ginge es hier um Akten, die jeder nach einer kurzen Einarbeitungszeit abarbeiten könne. Aber es geht hier um Kinder. Kinder, die in ihren ersten Lebensjahren professionelle Begleitung brauchen. Aber das vergessen anscheinend sogar Gerichte. In einem Urteil des Oberverwaltungsgerichtes Berlin-Brandenburg heißt es: »[Das Land Berlin] hat es in der Hand, etwa durch eine übergangsweise Lockerung des Betreuungsschlüssels Betreuungsplätze in dem erforderlichen Umfang zu schaffen, zumal weder vorgetragen noch ersichtlich ist, dass die in der Vergangenheit geltenden Betreuungsschlüssel einer kindgerechten Betreuung entgegengestanden hätten.«[17] Welch grandiose Idee. Wir können den Rechtsanspruch auf einen Kita-Platz nicht erfüllen? Dann verschlechtern wir die Betreuungsqualität eben noch weiter. Wie es den Kindern und Erzieherinnen und Erziehern damit geht, fragt keiner.

Die einzige Lösung, die es gibt, sind mehr Fachkräfte. Fast 330 000 Menschen müssten bis zum Jahr 2025 in Krippen, Kindergärten und in der Grundschulbetreuung zusätzlich eingestellt werden, um den steigenden Bedarf zu decken und die Betreuungswünsche der Eltern zu erfüllen. Um zusätzlich die Qualität zu steigern, bräuchte es weitere 270 000 Stellen.[18] Das kann nur durch eine Aufwertung des Berufes gelingen. Wir müssen darüber reden, was uns die Arbeit gut ausgebildeter und motivierter Erzieherinnen und Erzieher wert ist. Das beginnt bereits bei der Ausbildung. Denn währenddessen verdienen viele Auszubildende nichts, sie müssen sogar dafür zahlen. Bis zu 700 Euro und mehr können es pro Schuljahr an privaten Erzieherfachschulen sein.[19] Der Bund und viele Länder haben das Problem zwar mittlerweile erkannt, aber von einheitlichen Ausbildungsstandards sind wir leider noch weit entfernt. Es kann nicht sein, dass der Betreuungsschlüssel selbst in Hundetagesstätten besser ist als in der Kinderbetreuung. Hier muss sich dringend etwas ändern.

3,5 Milliarden Euro sollen vom Bund laut Koalitionsvertrag zwischen CDU, CSU und SPD investiert werden. Diese Zahl wurde mittlerweile mit dem »Gute-Kita-Gesetz« auf 5,5 Milliarden Euro bis 2022 erhöht. Das klingt zwar zunächst nach viel Geld, aber das reicht noch immer nicht: Nach Berechnungen der Bertelsmannstiftung müssten über 15 Milliarden Euro ausgegeben werden, wenn sowohl die Qualität verbessert werden solle als auch gleichzeitig die Gebühren abgeschafft werden sollten.[20] Zwar ist das Kita-Programm des Bundes lediglich eine Unterstützung der Länder und Kommunen, aber es zeigt sich bereits jetzt: Alles gleichzeitig geht nicht. Wir können nicht gleichzeitig die Kita-Gebühren für alle komplett abschaffen, neue Kita-Plätze schaffen und die Qualität der Betreuung erhöhen. Es ist nicht gerecht, wenn alle nichts zahlen. Es ist gerecht, wenn alle genau das bekommen, was sie brauchen. Dafür braucht es bundesweite Qualitätsstandards genauso wie ausreichend und gut bezahlte Erzieherinnen und Erzieher. Wenn wir das erreicht haben, dann können wir auch über kostenfreie Kitas sprechen.

Neben ausreichend Personal fehlen Räumlichkeiten für die Kinderbetreuung. Doch wie groß der Bedarf ist, scheint noch nicht bei allen Verantwortlichen angekommen zu sein. Diese Erfahrung musste Sandra Runge, selbst zweifache Mutter, machen, als sie »Coworking Toddler« gegründet hat, ein Coworking Space mit angeschlossener Kita. Über dem Eingang steht auf einem Schild: »Arbeiten oder und Kind«. Das »oder« ist durchgestrichen. Die größte Hürde sei die Immobiliensuche gewesen, sagt Runge. Zwar funktioniere die Zusammenarbeit mit dem Senat gut, aber bei der Anmietung hätten sechs Behörden »den Daumen hochmachen« müssen: Sechs Ämter, wie die Lebensmittel- aufsicht, das Gesundheits- und das Bauamt, der Brand- schutz und die Kita-Aufsicht seien im Vorfeld durch die Räume gelaufen. In Berlin gebe es aber nur wenige Brand- schutzbeauftragte, die das abnehmen können, das habe alles verzögert. Währenddessen habe sie ständig mit dem Vermieter kommuniziert, damit der bloß nicht abspringt. »Das muss alles schneller gehen und besser abgestimmt sein«, sagt Runge. Zuletzt gab es Probleme aufgrund einer fehlenden Toilette: »Wenn wir zwei Toiletten hätten, dann könnten wir drei zusätzliche Plätze schaffen. Wir müssten aber die große Dusche ausbauen, um Platz für noch eine Toilette zu haben. Deshalb war unsere Idee, dass wir an ein Waschbecken einen Duschkopf anbauen und außerdem eine mobile Badewanne haben. Für Kinder unter drei brau- chen wir natürlich eine Dusche, wenn einmal etwas schief- geht, aber das wäre mit der mobilen Badewanne genauso möglich.« Lange sah es so aus, als ob sie keine Genehmi- gung für die zweite Toilette bekommen würden. »Das kos- tet uns dann drei Kita-Plätze«, sagt Runge. Am Ende ging es dann doch: Bei einem Treffen zusammen mit einem Handwerker bekam sie das Okay der Behörden, allerdings mit der Auflage, ein Waschbecken zu entfernen – die nur selten genutzte Dusche musste bleiben.

Natürlich muss bei einer Kita viel beachtet werden. Das

fängt beim Bodenbelag und der vorgeschriebenen Außenfläche an und geht mit den Abständen der Garderobenhaken im Flur weiter. Trotzdem wäre es wichtig, alle Ämter für die Dringlichkeit der Kita-Krise zu sensibilisieren, um schnell voranzukommen. Eine weitere Möglichkeit wären staatliche Bürgschaften für Kitas sowie eine Erhöhung der staatlichen Zuschüsse für den Neubau. Wichtig ist, dass endlich etwas passiert und dass es nicht bei einem Rechtsanspruch bleibt, der wenig bringt, wenn keine Plätze da sind.

Während Kinder bis zum Schuleintritt immerhin einen Rechtsanspruch auf Betreuung haben, endet der Unterricht an vielen Schulen immer noch mittags. Das Betreuungsproblem beginnt mit dem Läuten der Schulglocke von Neuem. Im Koalitionsvertrag ist zwar vorgesehen, den Rechtsanspruch auf die Schulkindbetreuung auszudehnen. Aber den dafür notwendigen Ausbau von Ganztagsschulen und der Hortbetreuung für Grundschüler hat die Große Koalition erst einmal verschoben: Im Haushalt 2019 wurde die »globale Mehrausgabe« gestrichen. Wir sollten unsere Kinder bei jedem nachmittäglichem Betreuungsproblem einfach am Empfang des Finanzministeriums abgeben. Sollen die sich doch bitte kümmern.

Viele Menschen regen sich auf, wenn heute Kindergärten »von unseren Steuergeldern« gebaut werden. Das klingt dann wie bei Rudi, der in den Kommentarspalten von rbb24 schrieb:[21] »Als wir 1962/64 unsere Kinder in Berlin-Friedenau bekamen, gab es keinerlei Kindergarten o. ä.-Plätze--- ergo: frau blieb zu Hause Einschränkungen jeglicher Art waren vorprogrammiert-- Reisen ?????/ Theater ?????? / wir mussten auf einiges verzichten Kindergeld ??? gabs nicht etc. etc. und die »Rente« sagt es aus---- Also Mütter. bleibt zu Haus – schränkt euch ein--im leben kann man /frau nicht alles haben höre schon : Alleinerziehend -----Antwort von mir : selber schuld.«

Lieber Rudi, ja, es gibt Eltern, die möchten mit ihren Kindern in den ersten Lebensjahren zu Hause bleiben. Andere Eltern müssen oder wollen berufstätig sein. Auch diese Eltern zahlen Steuern. Eine ganze Menge sogar. Aber damit sie arbeiten können, brauchen sie eine gute Kinderbetreuung. Sie sind auf motivierte, gut ausgebildete und gut bezahlte Erzieherinnen und Erzieher angewiesen. Für den Staat wäre der Ausbau von Kinderbetreuungsplätzen sogar ein besonders gutes Geschäft. Denn aufgrund der zusätzlichen Steuereinnahmen und Sozialbeiträge fließt ein großer Teil des Geldes direkt wieder an den Staat zurück. Die Selbstfinanzierungsquoten liegen zwischen 41 und 48 Prozent der staatlichen Ausgaben im Krippen- und Kindergartenbereich.[22] Außerdem gibt es wenige Investitionen, die sich für eine Volkswirtschaft so sehr lohnen wie Bildung. Vor allem bei frühkindlichen Bildungsinvestitionen ist die Rendite besonders hoch. Höher als bei Investitionen in Schulen und Universitäten, denn Fähigkeiten, die bereits in jungen Jahren erworben werden, bilden die Basis für spätere Lernfortschritte. Wer schon früh viel gelernt hat, lernt später schneller dazu.[23] Davon profitieren vor allem Kinder aus bildungsbenachteiligten Familien.[24] Je besser der Kindergarten, desto höher das spätere Gehalt.[25] Es wäre leicht, das Erreichen einer sehr guten Kita-Qualität zumindest in Teilen mit Finanzierungszusagen zu koppeln.[26] Welchen besseren Beitrag zur Chancengleichheit könnte es geben? Welche bessere Investition in unser Land? Und wenn du

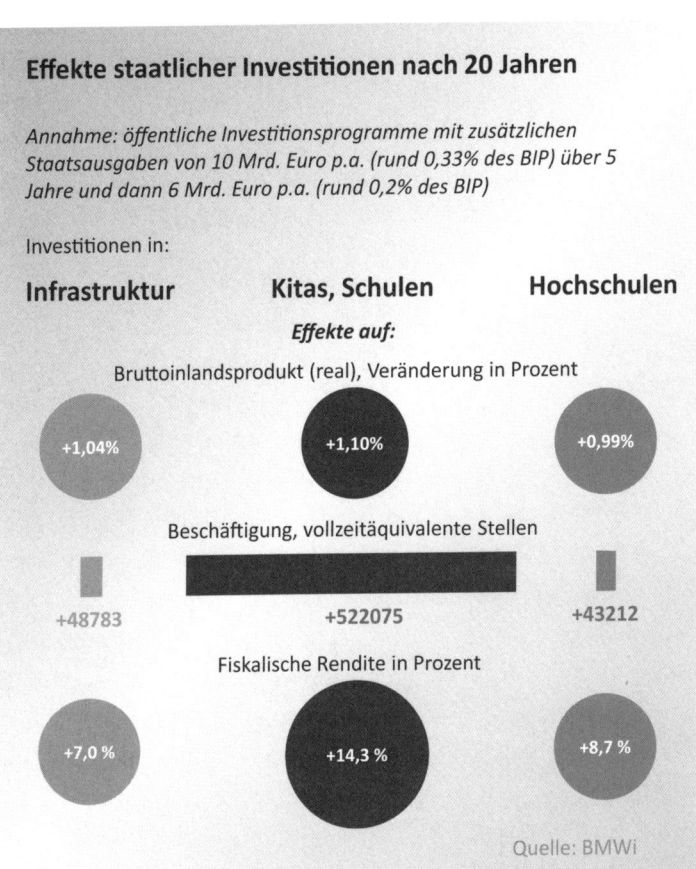

Effekte staatlicher Investitionen nach 20 Jahren

Annahme: öffentliche Investitionsprogramme mit zusätzlichen Staatsausgaben von 10 Mrd. Euro p.a. (rund 0,33% des BIP) über 5 Jahre und dann 6 Mrd. Euro p.a. (rund 0,2% des BIP)

Investitionen in:

Infrastruktur **Kitas, Schulen** **Hochschulen**

Effekte auf:

Bruttoinlandsprodukt (real), Veränderung in Prozent

+1,04%   +1,10%   +0,99%

Beschäftigung, vollzeitäquivalente Stellen

+48783   +522075   +43212

Fiskalische Rendite in Prozent

+7,0 %   +14,3 %   +8,7 %

Quelle: BMWi

schon feststellst, dass der Rentenzettel deiner Frau furchterregend aussieht: Warum soll es deinen Töchtern und Enkelinnen genauso gehen?

AUF IN DIE TROTZPHASE

Als ich noch in Niedersachsen bei meiner Familie auf dem Land lebte, wartete meine Lieblingsnachbarin Marie jeden Tag vor ihrer Haustür darauf, dass ich von der Schule nach Hause kam. Manchmal scherzte ich, sie würde meinen Stundenplan besser kennen als ich selbst. Schließlich zog ich weg, zum Studieren. Inzwischen war Marie alt geworden. Aber wenn ich in den Semesterferien nach Hause auf den Bauernhof kam, war es immer, als wäre ich nie weg gewesen. Sie drückte mich an ihre Küchenschürze, schob mich von sich und strich meine langen Haare zurück, als wollte sie mich tadeln, dass ich das Haar offen trug und nicht sorgsam hochsteckte. Dann nahm sie meine Hände und stellte immer dieselbe Frage: »Wie geht es dir? Hast du Menschen gefunden, die dir guttun?«

Es war nicht so, dass alles andere sie nicht interessierte. Sie war stolz, dass ich studierte. Aber diese Frage war ihr am wichtigsten. Nie werde ich vergessen, wie sehr sie sich freute, als ich ihr erzählte, dass ich schwanger war und mich entschieden hatte, das Kind zu behalten. Ich hatte Marie noch nie weinen sehen, aber jetzt rollten Tränen über ihr Gesicht. Lange saßen wir beieinander und sprachen kein Wort. Dann sagte sie: »Jenna, mir war schon, als du noch ein kleines Mädchen warst, klar, dass du eines Tages Doktorin wirst [für sie ein Synonym für Akademikerin]. Aber ich hatte Angst, dass du das Wesentliche im Leben verpasst. Ich bin alt, ich darf das sagen. Ich lebe nicht mehr lange. Am wichtigsten sind immer die Menschen. Vergiss das nie. Du wirst eine gute Mutter sein und – darum beneide ich dich – trotzdem dein Leben haben. Ihr jungen Frauen heute seid stark. Ihr macht euren Weg, egal, was andere davon denken.« Dann drückte sie mich wieder: »Du ahnst gar nicht, wie sehr ich mich für dich freue.«

Marie lebt nicht mehr, aber wenn ich heute die Haare meiner Tochter auf dem Weg in die Kita zusammenbinde, dann denke ich häufig an ihre Worte. Niemand bekommt aus demografischen Gründen Kinder. Es gibt keine Pflicht, Mutter oder Vater zu werden. Wir denken dabei weder an die Rente noch an den Fortbestand der Nation. Genau genommen ist es ziemlich verrückt, überhaupt Eltern zu werden. Kinder kosten Zeit und jede Menge Geld. Wahrscheinlich würde ich ohne meine Tochter öfter ins Theater gehen und die neuen Bars kennen, von denen meine Freunde gerade schwärmen. Trotzdem würde ich Marie gerne erzählen, dass sie recht hatte. Dieses Mal hätte ich Tränen in den Augen. Ich würde ihr sagen, wie sehr ich diese halbe Stunde am Abend liebe, wenn meine Tochter und ich gemeinsam in ihrem Bett liegen, kuscheln, über den Tag sprechen, wenn ich ihr eine Geschichte vorlese und sie mit einem Kuss in die Nacht verabschiede. Ich würde Marie sagen, dass sie recht hatte, auch wenn es wie ein Klischee klingt. Der Familienalltag mag oft anstrengend sein, und trotzdem würde ich nie darauf verzichten wollen.

Gleichzeitig müsste ich Marie aber auch erzählen, dass es stark von den gesellschaftlichen Rahmenbedingungen abhängt, wie zufrieden Eltern mit ihrem Leben sind.[1] Wer

heute ein Kind erwartet, stößt bereits in der Schwangerschaft auf die ersten Probleme. Eine Hebamme zu finden,
ist in vielen Regionen zur Glückssache geworden. Dabei
sind Hebammen alles andere als Luxus, sondern notwendig
für einen guten Start ins Familienleben. Wer nach der Geburt einen Kinderarzt sucht, muss in einigen Städten sehr
viele Telefonate führen und weit fahren. In vielen Gegen-
den nehmen Praxen keine neuen Kinder auf. Eine größere
Wohnung für die gewachsene Familie ist anschließend
ebenso schwierig zu bekommen wie ein Kita-Platz. Marie
hätte sich fürchterlich aufgeregt, wenn sie all das gehört
hätte. Sie hätte noch ein Brikett in ihren alten Kohlenofen
geworfen und einen Leserbrief geschrieben. Am meisten
hätte es sie wahrscheinlich geärgert, wie wenig diese Themen in der Öffentlichkeit vorkommen. Und das stimmt:
Wie oft wird beklagt, dass es zu wenig Kinder gäbe. Wie selten wird darüber geredet, welchen Hürden Eltern noch immer begegnen. Wann gab es die letzte Talkshow zu den
mangelnden Fortschritten beim Kita-Ausbau? Wann wurde
zuletzt öffentlich darüber gestritten, wie ungerecht unser
Renten- und Steuersystem gegenüber Familien ist?

Die Entscheidung für ein Kind ist eine persönliche. Und
das ist auch gut so. Deshalb kann ich die Frage »Was hat
denn der Staat damit zu tun?«, die mir bei den Recherchen
für dieses Buch häufig begegnete, sehr gut nachvollziehen.
Am Ende kommt es nicht darauf an, was in Gesetzen,
Rechtsverordnungen und Satzungen steht. Es kommt darauf an, was wir daraus machen und wie wir diese leben.
Trotzdem gleichen viele Vorschriften einer Treppe, bei der
eine Stufe etwas höher ist als die anderen. Jede Person, die
über diese Stufe stolpert, denkt, sie habe nicht aufgepasst.

Es sei ihr Fehler. Erst wenn wir andere Menschen beobachten und sehen, wie viele an genau dieser Stufe stolpern, wird klar: Es ist kein individueller Fehler.

In den vergangenen zehn Jahren ist die Zahl der Mütter mit Burn-out und anderen Erschöpfungssymptomen nach Angaben des Müttergenesungswerks um 37 Prozent gestiegen. Wahrscheinlich sind viele von ihnen an denselben Stellen gestolpert. Natürlich kann der Staat nicht alle Stolpersteine des Familienlebens aus dem Weg räumen. Familienpolitik kann uns die Nächte am Bett eines fiebernden Kindes nicht abnehmen. Auch ich habe schon mal gedacht: Wo ist der Pausenknopf? Wieso kann ich das Kind nicht für eine halbe Stunde ausstellen? Und nach einem Supermarktbesuch war ich kurz davor, einen Zettel ans Brett zu hängen: »Tausche Dreijährige in Trotzphase gegen Sofa« (und bevor das jetzt irgendwer zu ernst nimmt und denkt »Behrends bereut Kind«: Das ist nicht der Fall!). Der Staat kann Familien auch nicht alle finanziellen Belastungen abnehmen, die Kinder mit sich bringen. Kinder zu haben, bedeutet immer auch Verantwortung. Aber die Treppe ins Familienhaus sollte so gebaut sein, dass wir nicht alle an denselben Stufen hängen bleiben und stattdessen die Wahlfreiheit haben, welchen Weg wir gehen wollen.

Dafür müssen wir auch ehrlich gegenüber uns selbst sein und die entstehenden Entscheidungsspielräume nutzen: Was möchte ich mit meinem Leben anfangen? Was ist mir wirklich wichtig? Was bedeutet für mich beruflicher Erfolg? Brauchen wir das große Haus, für das wir monatlich hohe Raten abbezahlen müssen, weswegen wir in unseren Berufen gefangen sind? Worauf sind wir bereit zu verzichten, um Zeit mit unserer Familie zu verbringen?

Dafür müssen wir uns zuerst wieder darüber bewusst werden, wie wichtig die Ressource Zeit ist. Niemand wird uns Zeit schenken. Es liegt an uns, über eine neue Verteilung von Zeit nachzudenken. In unserem Lebenslauf, zwischen den Generationen sowie zwischen Elternteilen und anderen Personen, die Verantwortung für unsere Kinder übernehmen. Doch was hat Politik damit zu tun? Ist es nicht Sache der Unternehmen? Haben nicht Arbeitgeber den größten Einfluss auf die Zeitstrukturen unserer Leben? Natürlich kann eine einzige Änderung der rechtlichen Rahmenbedingungen nicht plötzlich zu einem familienfreundlicheren Arbeitsumfeld führen. Die Hauptaufgabe über neue Arbeitszeitmodelle nachzudenken, liegt bei der Wirtschaft. Aber auch unser Arbeitsrecht berücksichtigt bis heute kaum die Bedürfnisse von Familien.[2] Natürlich müssen Familien finanziell abgesichert sein. Doch die Frage »Schaffen wir es zeitlich ein drittes Kind zu haben?« spielt bei Eltern ebenso eine Rolle wie »Können wir uns ein drittes Kind leisten?«. Wir brauchen ein Arbeits- und Sozialrecht, das Familien- und Fürsorgephasen vorsieht. Wir müssen erkennen, dass der Standardlebenslauf, an dem sich die Politik orientiert hat, längst überholt ist. Vorschläge wie die Einführung eines flexiblen Zeitbudgets für Eltern (z. B. von insgesamt 120 Tagen für jedes Kind) sind dabei nur kleine Pflaster.[3]

Wir haben es in der Hand, unsere Leben zu leben und uns an keinem Standard orientieren zu müssen. Das Modell zu finden, das in der jeweiligen Lebensphase am besten zu unseren Familien und uns passt. Die Zeit ist dabei auf unserer Seite: Bis 2030 sinkt die Zahl der Menschen im erwerbsfähigen Alter um 5,7 Millionen auf 43,6 Millionen

Menschen.[4] Es fehlen dann 3,3 Millionen Fachkräfte.[5] Ideale Bedingungen, um eine neue Arbeitskultur und neue Arbeitszeitmodelle durchzusetzen. Während früher der Dienstwagen ein ausschlaggebender Punkt bei der Wahl des Arbeitgebers gewesen sein mag, ist es heute die Familienfreundlichkeit. 77 Prozent der Eltern zwischen 25 und 39 Jahren geben an, dass sie ihren Arbeitgeber für eine bessere Vereinbarkeit von Familie und Beruf wechseln würden. Für 90 Prozent ist die Vereinbarkeit ebenso wichtig wie das Gehalt.[6] Niemand weiß, wie die Digitalisierung unsere Leben und die Arbeitswelt verändern wird. Es ist offen, wo, wann und was wir künftig arbeiten werden. Wir sollten das als Chance sehen, endlich den Spagat zwischen Berufstätigkeit und Familie aufzulösen. In der (Familien-)Politik genauso wie in Wirtschaft und Gesellschaft.

Unser Staat kann und muss ein familienfreundlicherer Staat werden. Und zwar schnell. Nicht schleichend. Wir werden dabei Fehler machen, denn auch in der Politik werden Fehler gemacht. Selbst die sorgsamste Gesetzesfolgenabschätzung vermag das nicht zu verhindern. Trotzdem sollten wir uns nicht damit zufriedengeben, dass es mittlerweile einen Rechtsanspruch auf Kita-Plätze gibt und das Kindergeld von Zeit zu Zeit um ein paar Euro im Monat erhöht wird. Wir brauchen Zeit füreinander. Eltern, die auch mal gleichzeitig zu Hause sind. Eine Arbeitswelt, die zu Familien passt – und nicht umgekehrt. Wir brauchen eine Politik, die das Scheitern nicht länger individualisiert, und die es uns ermöglicht, Kinderwünsche nicht so lange wegzudrücken, bis wir plötzlich zu alt dafür sind. Das ist anspruchsvoll, ja. Eine schnelle Universallösung, das »Jetzt sind wir familienfreundlich«-Gesetz, wird es nicht geben.

Stattdessen müssen wir endlich über die besten Ideen streiten, wie wir Familien mit Blick auf Zeit, Geld und Infrastruktur wirklich helfen können.

Ich wünsche meiner Tochter eine Zukunft, in der nicht nur von Vereinbarkeit geredet, sondern in der Vereinbarkeit ganz selbstverständlich gelebt wird. Lasst uns noch schnell das Abendbrot auf den Tisch stellen und dann für einen familienfreundlicheren Staat streiten, während im Hintergrund die Waschmaschine läuft.

DANKSAGUNG

An erster Stelle möchte ich den Familien danken, mit denen ich sprechen durfte. Danke, dass ihr mir einen Einblick in euer Leben gewährt habt. Ohne euch wäre dieses Buch nicht möglich gewesen. Danke, dass ich abends in eurer Küche sitzen und mit euch Tee trinken durfte. Danke, dass ich euch auf den Spielplatz begleiten durfte. Danke, dass ihr euch Zeit für meine sechsunddreißigste Nachfrage genommen habt. Danke, dass ihr euch getraut habt, vor mir zu weinen. Danke, dass ihr jeden Tag aufs Neue beweist, dass es möglich ist, in diesem Land als Familie zu leben.

Außerdem möchte ich allen am Entstehen des Buches Beteiligten im Verlag danken. Danke für das große Vertrauen in mich. Vor allem meiner wunderbaren Lektorin Andrea Wörle gebührt großer Dank. Ich danke dir, liebe Andrea, für deinen Mut, deine ansteckende Zuversicht und jeden Satz, der deinetwegen noch stärker wurde.

Meinen Agenten Ernst Piper wusste ich seit den ersten Worten des Exposés an meiner Seite. Lieber Ernst, ohne deinen Zuspruch gäbe es dieses Buch nicht. Ich wünsche jeder Autorin und jedem Autor einen Agenten wie dich.

Außerdem möchte ich Florian Nöll danken, der viele Ideen geduldig mit mir diskutiert hat sowie jedes Kapitel als erster gelesen hat. Danke für deine Freundschaft.

Teresa Bücker, Franziska Von Kempis, Eckart Von Klaeden und Carline Mohr haben die Entstehung des ganzen Buches mit hilfreichen Anmerkungen begleitet. Ihr seid immer da. Danke dafür.

Nicht zuletzt danke ich meiner Familie und Julian. Für uns. Für alles.

Jenna Behrends im Oktober 2018

ANMERKUNGEN

VORBEMERKUNG

1 Häberle, Peter (1984): Verfassungsschutz der Familie – Familienpolitik im Verfassungsstaat, S. 4.
2 Von Savigny, Friedrich Carl (1840): System des heutigen römischen Rechts, Bd. 1, S. 344.

DER STAAT LÄSST SEINE FAMILIEN IM STICH

1 Prognos (2014): Gesamtevaluation der ehe- und familienbezogenen Leistungen in Deutschland – Endbericht, Gutachten im Auftrag des Bundesministeriums der Finanzen und des Bundesministeriums für Familie, Senioren, Frauen und Jugend, Berlin, S. 4.
2 Borchert, Jürgen: Interview im Deutschlandradio Kultur am 7.2.2015.
3 Lust auf Familie. Lust auf Verantwortung. Beschluss der CDU Deutschlands, Berlin, 13.12.1999, S. 8.
4 Bredtmann, Julia; Vonnahme, Christina (2017): Less Alimony after Divorce – Spouses' Behavioral Response to the 2008 Alimony Reform in Germany, Ruhr Economic Papers #702.

POLITIK, DIE SO EINFACH IST WIE EIN KINDERPUZZLE

1 Institut für Demoskopie Allensbach (2012): Staatliche Familienleistungen aus Sicht der Bürgerinnen und Bürger: Kenntnis, Nutzung und Bewertung, Kurzfassung der Akzeptanzanalyse I.

2 Vgl. mit weiteren Nachweisen: Spieß, C. Katharina (2006): Die Bündelung und Integration familienbezogener Leistungen bei einer Familienkasse, in: Althammer, Jörg; Klammer, Ute (Hrsg.), Ehe und Familie in der Steuerrechts- und Sozialordnung, S. 55 ff.

3 Vgl. zur Rechnung: Institut der deutschen Wirtschaft Köln; Finanzwissenschaftliches Forschungsinstitut an der Universität zu Köln (2017): Kosten und Nutzen lokaler Familienzeitpolitik – Kurzfassung, Gutachten für das Bundesministerium für Familie, Senioren, Frauen und Jugend.

4 Kuller, Christiane (2004): Familienpolitik im föderativen Sozialstaat. Die Formierung eines Politikfeldes in der Bundesrepublik 1949–1975.

POLITIK, DIE GERECHT IST

1 Forsa (2017): Studie im Auftrag der Teambank AG.

2 Allensbacher Archiv (2014): IfD-Umfrage 11019.

3 Deutscher Bundestag (2017): Drucksache 19/140. Unterrichtung durch die Bundesregierung. Bericht der Bundesregierung über die gesetzliche Rentenversicherung, insbesondere über die Entwicklung der Einnahmen und Ausgaben, der Nachhaltigkeitsrücklage sowie des jeweils erforderlichen Beitragssatzes in den künftigen 15 Kalenderjahren (Rentenversicherungsbericht 2017) und Gutachten des Sozialbeirats zum Rentenversicherungsbericht 2017.

4 OECD (2017): Pensions at a Glance 2017: OECD and G20 Indicators.

5 Werding, Martin (2014): Familien in der gesetzlichen Renten-

versicherung: Das Umlageverfahren auf dem Prüfstand. Studie im Auftrag der Bertelsmann Stiftung.

6 Vertieft zum Geburtsfehler der Sozialversicherungssysteme siehe u. a. Lenze, Anne (2017): Auf ein Neues: Beitragsgerechtigkeit in der Sozialversicherung, in: Die Sozialgerichtsbarkeit, 3/2017, S. 130 ff.; Borchert, Jürgen (2002): Der »Wiesbadener Entwurf« zur Familienpolitik. Referate und Diskussionsbeiträge, Hessische Staatskanzlei.

7 Mackenroth, Gerhard (1952): Die Reform der Sozialpolitik durch einen deutschen Sozialplan; in: Schriften des Vereins für Socialpolitik, Bd. 4, S. 41 ff.

8 Forsa (2017): Studie im Auftrag der Teambank AG.

9 Tucholsky, Kurt (1931): Der Mensch.

10 Forsa (2017): Studie im Auftrag der Teambank AG.

11 Allensbacher Archiv (2014): IfD-Umfrage 11019.

12 BKK (2015): Faktenblatt BKK Gesundheitsatlas 2015 – Blickpunkt Psyche.

13 Haan, Peter; Stichnoth, Holger, et al. (2017): Entwicklung der Altersarmut bis 2036. Trends, Risikogruppen und Politikszenarien. Erstellt im Auftrag der Bertelsmann Stiftung.

14 Klenner, Christina; Sopp, Peter; Wagner, Alexandra (2016): Große Rentenlücke zwischen Männern und Frauen. Ergebnisse aus dem WSI Gender DatenPortal, WSI Report 29.

15 Möhring, Katja (2014): Der Einfluss von Kindererziehungszeiten und Mütterrenten auf das Alterseinkommen von Müttern in Europa. In: Vierteljahreshefte zur Wirtschaftsforschung 83 (2), S. 139 ff.

16 Gerade in der Familienpolitik zeigt sich, dass Gerechtigkeit nicht in eine Steuer- und Generationengerechtigkeit sowie eine soziale Gerechtigkeit gegliedert werden kann. Siehe hierzu Isensee, Josef (2009): Recht als Grenze – Grenze des Rechts: Texte 1979–2009, S. 280.

17 Bowles, David; Greiner, Wolfgang (2012): Bevölkerungsentwicklung und Gesundheitsausgaben, in: GGW, Heft 4, S. 7–17.

18 Deutsche Bank (2014): Entwicklung der gesetzlichen Kranken-

versicherung und Herausforderungen für die Zukunft. Monatsbericht Juli; Fenge, Robert (2003): Generationengerechtigkeit im Gesundheitswesen; ifo Schnelldienst 14/2003.

19 Niehaus, Frank (2009): Ein Vergleich der von Familien geleisteten Beiträge und erhaltenen Leistungen in der gesetzlichen Krankenversicherung, in: Sozialer Fortschritt 12/2009.

20 Bundesministerium für Gesundheit (2017): KM 6-Statistik (gesetzliche Krankenversicherung: Versicherte).

21 Werding, Martin (2013), Modell für flexible Simulationen zu den Effekten des demographischen Wandels für die öffentlichen Finanzen in Deutschland bis 2060: Daten, Annahmen und Methoden. Studie im Auftrag der Bertelsmann Stiftung.

22 Vgl. Sinn, Hans-Werner (2001): Rentenhöhe nach Kinderzahl, Welt am Sonntag, 8.4.2001, S. 56.

23 Entscheidungen des Bundesverfassungsgerichts 103, S. 242–271.

24 Blömer, Maximilian; Buhlmann, Florian; Löffler, Max; Peichl, Andreas; Siegloch, Sebastian; Stichnoth, Holger (2017): Kinderfreibeträge in der Sozialversicherung, Zentrum für Europäische Wirtschaftsforschung (ZEW).

25 Kirchhof, Paul (1986): Ehe und Familie im staatlichen und kirchlichen Steuerrecht, in: Essener Gespräche zum Thema Staat und Kirche (21), S. 117 ff.

26 Schmidt, Harald (2013): Kleiner Wahlkampfberater. Handreichungen für die Politkarriere. Focus Nr. 5/2013, S. 23.

27 Deutsches Zentrum für Altersfragen (2016): Altern im Wandel. Zwei Jahrzehnte deutscher Alterssurvey.

28 Wilkoszewski, Harald (2010): Alte versus Junge, in: Glaab, Manuela; Weidenfeld, Werner; Weigl, Michael (Hrsg.), Deutsche Kontraste 1990–2010, S. 355–386.

1 Es soll trotzdem nicht verschwiegen werden, dass auch in der Landwirtschaft die Renditen nicht mehr rosig sind. Ein Züchter muss heute mehrere Tausend Schweine im Jahr aufziehen, um zu überleben. Vor 20, 30 Jahren reichten noch wenige Hundert Tiere.

2 Statistisches Bundesamt (2014): Konsumausgaben von Familien für Kinder.

3 Gangl, Markus; Ziefle, Andrea (2009): Motherhood, Labor Force Behavior, and Women's Careers. An Empirical Assessment of the Wage Penalty for Motherhood in Britain, Germany, and the United States, in: Demography 2/2009, S. 341 ff.

4 Boll, Christina; Jahn, Malte; Lagemann, Andreas (2017): The Gender Lifetime Earnings Gap – Exploring Gendered Pay From the Life Course Perspective, Hamburgisches Weltwirtschaftsinstitut, HWWI Research Papers 179/2017.

5 Siehe z. B.: Nauck, Bernhard (2004): Kinder als Objekte individuellen und kollektiven Nutzens. Anmerkungen zur familien- und sozialpolitischen Diskussion, in: Zeitschrift für Sozialreform, 50, S. 60 ff.

6 Kaufmann, Franz-Xaver (2005): Schrumpfende Gesellschaft: vom Bevölkerungsrückgang und seinen Folgen.

7 Prognos (2017): Im Blickpunkt: Investitionen in Infrastruktur für Familien – ein Motor für inklusives Wachstum. Im Auftrag des Bundesministeriums für Familie, Senioren, Frauen und Jugend.

8 Prognos (2017): Im Blickpunkt: Investitionen in Infrastruktur für Familien – ein Motor für inklusives Wachstum. Im Auftrag des Bundesministeriums für Familie, Senioren, Frauen und Jugend.

9 Krebs, Tom, et al. (2016): Quantifizierung der gesamtwirtschaftlichen und fiskalischen Effekte ausgewählter Infrastruktur- und Bildungsinvestitionen in Deutschland. Studie im Auftrag des Bundesministeriums für Wirtschaft und Energie.

10 Statista CMO (2017): Tissue and Hygiene Paper Report 2017 – Baby Diapers.

11 BMFSFJ (2012): Staatliche Familienleistungen aus Sicht der Bürgerinnen und Bürger: Kenntnis, Nutzung und Bewertung, Kurzfassung der Akzeptanzanalyse I, durchgeführt vom Institut für Demoskopie Allensbach.

12 Studie der Zeitschrift ELTERN (2013): Wenn Eltern die Wahl haben.

13 Bundesministerium der Finanzen (2017): Datensammlung zur Steuerpolitik, Ausgabe 2016/2017, S. 42.

14 Zu den Reformmöglichkeiten siehe: Althammer, Jörg; Romahn, Hajo (2006): Die Reform des monetären Familienlasten- und -leistungsausgleichs, in: Althammer, Jörg; Klammer, Ute: Ehe und Familie in der Steuerrechts- und Sozialordnung, S. 49 ff.

15 Seiler, Christian (2008): Grundzüge eines öffentlichen Familienrechts.

16 § 31 EStG.

17 Felix, Dagmar (2006): Die Familie zwischen Privatrecht, Sozialrecht und Steuerrecht, in: Mellinghoff, Rudolf (Hrsg.), Steuern im Sozialstaat, 30. Jahrestagung der Deutschen Steuerjuristischen Gesellschaft e. V.

18 Tophoven, Silke; Lietzmann, Torsten; Reiter, Sabrina; Wenzig, Claudia (2017): Armutsmuster in Kindheit und Jugend, Längsschnittbetrachtungen von Kinderarmut, im Auftrag der Bertelsmann Stiftung.

19 Beisenherz, H. Gerhard (2002): Kinderarmut in der Wohlfahrtsgesellschaft. Das Kainsmal der Globalisierung.

20 Bank, Julian; van Treeck, Till (2015): »Unten« betrifft alle: Ungleichheit als Gefahr für Demokratie, Teilhabe und Stabilität, in: Oben – Mitte – Unten, Zur Vermessung der Gesellschaft. Bundeszentrale für politische Bildung.

21 Andresen, Sabine; Galic, Danijela (2015): Kinder. Armut. Familie. Alltagsbewältigung und Wege zu wirksamer Unterstützung.

22 Wissenschaftlicher Dienst des Deutschen Bundestags (2017):

Kürzung des Kindergeldes im Lichte des EU-Rechts, Aktenzeichen PE 6 – 3000 -71/16.

23 Kingreen, Thorsten (2017): Europarechtliche Prüfung des Teilhabegelds für Kinder und Jugendliche, Rechtsgutachten für die Bertelsmann Stiftung.

24 Seils, Eric; Höhne, Jutta (2017): Armut und Einwanderung, Armutsrisiken nach Migrationsstatus und Alter – Eine Kurzauswertung aktueller Daten auf Basis des Mikrozensus 2016, Policy Brief WSI 08/2017.

25 Schaaf, Julia (2017): Der Mangel, die Scham und das Glück. http://www.faz.net/aktuell/gesellschaft/familie/kinderarmut-der-mangel-die-scham-und-das-glueck-1459245.html.

26 Z. B. Currie, Janet (1994): Welfare and the Well-Being of Children. The Relative Effectiveness of Cash and In-Kind Transfers. In: Tax Policy and the Economy, Vol. 8, 1994, S. 1–43.

27 Bundesministerium für Familie, Senioren, Frauen und Jugend (2017): Familienreport 2017.

28 Garbuszus, Jan Marvin; Ott, Notburga; Pehle, Sebastian; Werding, Martin (2018): Wie hat sich die Einkommenssituation von Familien entwickelt? Ein neues Messkonzept. Studie im Auftrag der Bertelsmann Stiftung.

29 Stichnoth, Holger (2016): Verteilungswirkungen ehe- und familienbezogener Leistungen und Maßnahmen, Kurzexpertise im Auftrag der Familienpolitischen Kommission der Heinrich-Böll-Stiftung.

30 Becker, Irene; Hauser, Richard (2012): Kindergrundsicherung, Kindergeld und Kinderzuschlag: Eine vergleichende Analyse aktueller Reformvorschläge, WSI – Diskussionspapier Nr. 180.

31 Deutscher Bundestag (2016): Drucksache 18/9449, Weiterentwicklung des Kinderzuschlags.

32 Schnur, Olaf (2012): Nachbarschaft und Quartier, in: Eckardt, Frank (Hg.): Handbuch Stadtsoziologie, S. 449 ff.

1 Allensbacher Archiv (2016): IfD-Umfragen 4297, 11058.

2 Allensbacher Archiv (2016): IfD-Umfragen 6009, 11058.

3 Allensbacher Archiv (2016): IfD-Umfragen 6053, 11026.

4 Polizeiliche Kriminalstatistik (PKS) 2016.

5 Ziegenhain, Ute; Künster, Anne Katrin; Besier, Tanja (2017): Vernachlässigung, Misshandlung und Missbrauch. Gewalt gegen Kinder ist weit verbreitet, in: Pädiatrie, Ausg. 29, S. 8 ff.

6 Vertieft: Luhmann, Niklas (1995): Das Recht der Gesellschaft.

7 U. a. Bundesministerium für Familie, Senioren, Frauen und Jugend (2013): Familienreport 2012. Bundesministerium für Familie, Senioren, Frauen und Jugend; Bundesinstitut für Bevölkerungsforschung (2013): Familienleitbilder. Vorstellungen. Meinungen. Erwartungen. Bundesinstitut für Bevölkerungsforschung.

8 Ott, Notburga; Hancioglu, Mine; Hartmann, Bastian (2011): Dynamik der Familienform »alleinerziehend«. Gutachten für das Bundesministerium für Arbeit und Soziales. BMAS-Forschungsbericht 421.

9 Jurczyk, Karin; Klinkhardt, Josefine (2014): Vater, Mutter, Kind? Acht Trends in Familien, die Politik heute kennen sollte (Bertelsmann Stiftung).

10 König, Jochen (2015): Mama, Papa, Kind? Von Singles, Co-Eltern und anderen Familien.

11 Jurczyk, Karin; Lange, Andreas; Thiessen, Barbara (2014): Doing Family. Warum Familienleben heute nicht mehr selbstverständlich ist.

12 Wapler, Friedrike (2014): Familie und Familienschutz im Wandel – zur Entwicklung des Familienbegriffs im öffentlichen Recht, in: RW, Nr 1/2014, S. 57 ff.

13 Rede von Bundespräsident Horst Köhler beim Jahresempfang der Evangelischen Akademie Tutzing 2006.

14 Statistisches Bundesamt (2018): Zahl der Woche vom 13.2.2018: 52 % der Erwachsenen leben in einer Ehe.

15 Statistisches Bundesamt (2016): Pressemitteilung Nr. 461 vom 19.12.2016: Bei jeder dritten Geburt sind Eltern nicht verheiratet.

16 Statistisches Bundesamt (2017): 0,6 % weniger Ehescheidungen im Jahr 2016, Pressemitteilung Nr. 237.

17 Roos, Klaus; Gimber-Roos, Regina (2009): Expertise: Ökonomische Folgen von Hochstrittigkeit, im Rahmen des Forschungsprojekts »Kinderschutz bei hochstrittiger Elternschaft«, Auftraggeber: Deutsches Jugendinstitut (DJI).

18 Ahr, Nadine; Hawranek, Christiane (2015): Mama + Papa = Feinde, in: Die ZEIT, Nr. 15/2015.

19 Jurczyk, Karin; Walper, Sabine (Hrsg.) (2013): Gemeinsames Sorgerecht nicht miteinander verheirateter Eltern. Empirische Studien und juristische Expertisen.

20 »Der Elternteil, der ein minderjähriges Kind betreut, erfüllt seine Verpflichtung, zum Unterhalt des Kindes beizutragen, in der Regel durch die Pflege und die Erziehung des Kindes.«

21 Sünderhauf, Hildegund (2013): Wechselmodell: Psychologie – Recht – Praxis. Abwechselnde Kinderbetreuung durch Eltern nach Trennung und Scheidung.

22 Zu den Herausforderungen: Nielsen, Linda (2018): Joint versus sole physical custody: Outcomes for children independent of family income or parental conflict, in: Journal of Child Custody, S. 35–54.

23 Fransson, Emma; Turunen, Jani; Hjern, Anders (2015): Psychological complaints among children in joint physical custody and other family types: Considering parental factors, in: Scandinavian Journal of Public Health, S. 177–183.

24 Bergström, Malin; Fransson, Emma, et al (2014): Mental health in Swedish children living in joint physical custody and their parents' life satisfaction: A cross-sectional study, in: Scandinavian Journal Of Psychology, S. 433–439.

25 Institut für Demoskopie Allensbach (2017): Getrennt gemeinsam erziehen, Befragung von Trennungseltern im Auftrag des BMFSFJ, Untersuchungsbericht.

26 BGH, 1.2.2017 – XII ZB 601/15.

27 Sünderhauf, Hildegund; Rixe, Georg (2014): Alles wird gut! Wird alles gut? Rechtssystematische Verortung und verfassungsrechtliche Bezüge der gerichtlichen Anordnung des paritätischen Wechselmodells (Teil 1), Der Familien-Rechts-Berater 11/2014, S. 418–425.

28 Bujard, Martin; Sulak, Harun (2016): Mehr Kinderlose oder weniger Kinderreiche? In: Kölner Zeitschrift für Soziologie und Sozialpsychologie, S. 487 ff.

29 Diabaté, Sabine; Ruckdeschel, Kerstin (2016): Gegen den Mainstream – Leitbilder zu Kinderlosigkeit und Kinderreichtum zur Erklärung der Abweichung von der Zweikindnorm, in: Zeitschrift für Familienforschung 28,3 S. 328 ff.

30 Bujard, Martin; Sulkas, Harun (2016): Mehr Kinderlose oder weniger Kinderreiche? Eine Dekomposition der demografischen Treiber in unterschiedlichen Phasen des Geburtenrückgangs in Deutschland, in: Kölner Zeitschrift für Soziologe und Sozialpsychologie, Heft 3, S. 487–514.

31 Institut der deutschen Wirtschaft Köln (2017): Die volkswirtschaftliche Bedeutung der Mehrkindfamilien in Deutschland. Gutachten für den Verband kinderreicher Familien Deutschland e. V.

32 Institut der deutschen Wirtschaft Köln (2017): Die volkswirtschaftliche Bedeutung der Mehrkindfamilien in Deutschland. Gutachten für den Verband kinderreicher Familien Deutschland e. V.

33 Bujard, Martin im Interview mit Niejahr, Elisabeth (2016): Uns fehlt das dritte Kind, DIE ZEIT Nr. 42/2016.

34 Schier, Michaela; Entleitner-Phleps, Christine, et al. (2016). Report on Doing Stepfamily in Germany. D 3.9. Collaborative project: FamiliesAndSocieties. Changing families and sustainable societies: Policy contexts and diversity over the life course and across generations (Grant agreement no: 320116, FP7-SSH-2012-1).

35 Brosius-Gersdorf, Frauke (2016): Biologische, genetische, recht-

liche und soziale Elternschaft. Herausforderungen für das Recht durch Fragmentierung und Pluralisierung von Elternschaft, in: Recht der Jugend und des Bildungswesens, H. 2, S. 136 ff.

36 Krähenbühl, Verena; Jellouschek, Hans; Kohaus-Jellouschek, Margarete; Weber, Roland (2011): Stieffamilien: Struktur – Entwicklung – Therapie.

37 § 1687b Abs. 1 BGB.

38 Siehe die Vorschläge von Wapler, Friederike (2016): Wahlverwandtschaften. Plurale Familienformen rechtlich ermöglichen und absichern. Publikation der Heinrich-Böll-Stiftung, S. 70 f., sowie Löhnig, Martin (2008): Neue Partnerschaften der gemeinsam sorgeberechtigt gebliebenen Eltern – Welche Rechte haben die neuen Partner?, in: Familie, Partnerschaft, Recht, S. 157–159.

39 Scheiwe, Kirsten (2016): Mehr als nur zwei Sorgeberechtigte? Mehr Elternsorge und soziale Elternschaft in England und Wales und in den Niederlanden aus rechtsvergleichender Perspektive. In: Recht der Jugend und des Bildungswesens, H. 2, S. 227 ff.

40 Stiftung Warentest (2014): Wann Kinder extra kosten, in: Finanztest Nr. 10/2014, S. 78 ff.

41 Zu den Möglichkeiten: Schweppe, Katja (2011): Die Reform des Sorgerechts nicht miteinander verheirateter Eltern – »Kleine Lösung«, »Große Lösung« oder »Andere Lösung« – Ein Tagungsbericht, in: Zeitschrift für Kindschaftsrecht und Jugendhilfe, S. 171 ff.

42 Zu den Herausforderungen: Walper, Sabine; Lux, Ulrike (2017): Soziale Elternschaft gestalten, in: DjI-Impulse Nr. 4 2017, S. 10 ff.

43 Willekens, Harry (2016): Alle Elternschaft ist sozial, in: Recht der Jugend und des Bildungswesens, H. 2, S. 130 ff.

44 forsa (2015): ELTERN-Studie.

45 Vaskovics, Laszlo A. (2016): Segmentierung und Multiplikation der Elternschaft und Kindschaft: Ein Dilemma für die Rechtsregelung? In: Recht der Jugend und des Bildungswesens, H. 2, S. 194 ff.

46 Siehe auch folgende Vorschläge: Bundesministerium der Justiz und für Verbraucherschutz (2017): Arbeitskreis Abstammungsrecht. Abschlussbericht. Empfehlungen für eine Reform des Abstammungsrechts, S. 75 ff.

POLITIK, DIE IHRE HAUSAUFGABEN MACHT

1 Engelhardt, Henriette; Kögel, Tomas; Prskawetz, Alexia (2004): Fertility and womens employment reconsidered: a macro-level time series analysis for developed countries, 1960–2000, in: Population Studies, 58, S. 109 ff.

2 Vertieft: Gerlach, Irene (2017): Elternschaft und Elternpflichten im Spannungsfeld zwischen Leitbildern und Alltag, in: Gerlach, Irene (Hrsg.): Elternschaft. Zwischen Autonomie und Unterstützung.

3 Bundesinstitut für Bevölkerungsforschung (2013): Familienleitbilder. Vorstellungen. Meinungen. Erwartungen.

4 Bundesministerium für Familie, Senioren, Frauen und Jugend (2017): Männer-Perspektiven, Auf dem Weg zu mehr Gleichstellung?

5 Bundesinstitut für Bevölkerungsforschung (2013): Familienleitbilder. Vorstellungen. Meinungen. Erwartungen.

6 Forsa (2013): Meinungen und Einstellungen der Väter in Deutschland.

7 DIW (2013): Bessere Vereinbarkeit von Familie und Beruf durch eine neue Lohnersatzleistung bei Familienarbeitszeit, in: DIW Wochenbericht 46/2013.

8 Bujard, Martin, Schwebel, Lars (2015): Väter zwischen Wunsch und Wirklichkeit, in: Gesellschaft Wirtschaft Politik, S. 211–224.

9 Lück, Detlev (2015): Vaterleitbilder: Ernährer und Erzieher? In: Schneider, Norbert F.; Diabaté, Sabine; Ruckdeschel, Kerstin (Hrsg.): Familienleitbilder in Deutschland. Beiträge zur Bevölkerungswissenschaft, Band 48, S. 227–245.

10 Bujard, Martin; Schwebel, Lars (2015): Väter zwischen Wunsch und Realität, in: Gesellschaft, Wirtschaft, Politik 2/2015, S. 211 ff.

11 Statistisches Bundesamt (2017): Pressemitteilung vom 7. März 2017 – 077/17.

12 Statistisches Bundesamt (2017): 15 % der teilzeittätigen Väter reduzieren ihre Arbeitszeit für die Kinderbetreuung. Zahl der Woche vom 28.11.2017.

13 Statistisches Bundesamt (2015): Wie die Zeit vergeht: Ergebnisse zur Zeitverwendung in Deutschland 2012/2013.

14 Hobler, Dietmar; Klenner, Christina; Pfahl, Svenja; Sopp, Peter; Wagner, Alexandra (2017): Wer leistet unbezahlte Arbeit? Hausarbeit, Kindererziehung und Pflege im Geschlechtervergleich; Aktuelle Auswertungen aus dem WSI Gender-DatenPortal. Reihe: WSI Report, Nr. 35.

15 OECD (2017): Dare to Share – Deutschlands Weg zur Partnerschaftlichkeit in Familie und Beruf.

16 Zu den verschiedenen Familientypen: Pfau-Effinger, Birgit (1998): Der soziologische Mythos von der Hausfrauenehe. Entwicklungspfade der Familie in Europa, in: Soziale Welt, S. 167 ff.

17 Hobler, Dietmar; Pfahl, Svenja (2017): Erwerbstätigenquote nach Art der Elternschaft und Alter der Kinder 2015, in: Gender-Daten-Portal des Wirtschafts- und Sozialwissenschaftlichen Instituts der Hans-Böckler-Stiftung.

18 Bohr, Jeanette (2014): Realisierungschancen egalitärer Erwerbsmodelle. Analysen zur Erwerbsbeteiligung in Partnerschaften mit Kindern auf Basis des Mikrozensus.

19 Diabaté, Sabine, et al. (2017): Familienleitbilder. Alles wie gehabt? Partnerschaft und Elternschaft in Deutschland. Bundesinstitut für Bevölkerungsforschung.

20 Allensbacher Archiv (2015): Monitor Familienleben 2015, IfD-Umfragen 10000, 11015.

21 Lietzmann, Torsten; Wenzig, Claudia (2017): Arbeitszeitwünsche und Erwerbstätigkeit von Müttern. Welche Vorstellungen

über die Vereinbarkeit von Beruf und Familie bestehen. IAB-Kurzbericht 10/2017.

22 Statistisches Bundesamt (2017): Statistisches Jahrbuch 2017.

23 Über diese schreibt Maier, Anja (2011): Lassen Sie mich durch, ich bin Mutter: Von Edel-Eltern und ihren Bestimmerkindern.

24 Wie zum Beispiel Roche, Charlotte (2008): Feuchtgebiete, und Stokowski, Margarete (2016): Untenrum frei.

25 Mundlos, Christina (2013): Mütterterror: Angst, Neid und Aggressionen unter Müttern, S. 184.

26 Rudzio, Kolja; Schwarze, Till; Thurm, Frida; Venohr, Sascha (2017): Wozu der ganze Stress? In: DIE ZEIT, 04/2017.

27 Engelhardt, Henriette; Kögel, Tomas; Prskawetz, Alexia (2004): Fertlity and womens employment reconsidered: a macro-level time series analysis for developed countries, 1960–2000, in: Population Studies, 58, S. 109 ff.

28 Zu diesem Begriff: Bujard, Martin (2016): Das flexible Zweiverdienermodell und seine vielfältigen Chancen – und wie die Politik es familienphasen-sensibel gestalten kann, Konrad-Adenauer-Stiftung, Analysen und Argumente.

29 Institut für Demoskopie Allensbach (2015), Weichenstellungen für die Aufgabenteilung in Familie und Beruf.

30 Dafür streiten auch nicht die Verfassungsrechte: Kube, Hanno (2008): Rechtliche Gleichheit und tatsächliche Verschiedenheit, in: Mellinghoff, Rudolf; Palm, Ulrich (Hrsg.): Gleichheit im Verfassungsstaat: Symposion aus Anlass des 65. Geburtstages von Paul Kirchhoff, S. 37.

POLITIK, DIE FAMILIEN NICHT REINREDET

1 Boll, Christina (2017): Die Arbeitsteilung im Paar – Theorien, Wirkungszusammenhänge, Einflussfaktoren und exemplarische empirische Evidenz. Expertise im Rahmen des Zweiten Gleichstellungsberichts der Bundesregierung.

2 Holofernes, Judith (im Interview), zitiert nach: Meike Dink-

lage: ›Kinderkriegen ist der ultimative Reality-Check für den Feminismus‹, in: Brigitte, Ausgabe 4, 2014.

3 Hobler, Dietmar; Klenner, Christina; Pfahl, Svenja; Sopp, Peter; Wagner, Alexandra (2017): Wer leistet unbezahlte Arbeit? Hausarbeit, Kindererziehung und Pflege im Geschlechtervergleich, aktuelle Auswertungen aus dem WSI Gender-DatenPortal, April 2017.

4 Mühling, Tanja; Schreyer, Jessica (2012): Beziehungsverläufe in West- und Ostdeutschland – Stabilität und Übergänge, Staatsinstitut für Familienforschung an der Universität Bamberg.

5 Zu den unterschiedlichen Umfängen der Erwerbstätigkeit siehe auch das Kapitel »Politik, die zum echten Leben passt«.

6 Empfehlung der Nationalen Stillkommission sowie der Weltgesundheitsorganisation.

7 Wanger, Susanne; Bauer, Frank (2015): Erwerbs- und Arbeitszeitmuster in Paarbeziehungen. Öffentliche Anhörung von Sachverständigen der Enquetekommission V zur Zukunft der Familienpolitik in Nordrhein-Westfalen zum Thema »Zeitpolitik« am 24. August 2015. IAB-Stellungnahme Nr. 3/2015.

8 A. T. Kearney (2015): Vereinbarkeit wagen! Ergebnisse der dritten 361° A. T. Kearney-Familienstudie.

9 Bünning, Mareike (2016): Die Vereinbarkeitsfrage für Männer: Welche Auswirkungen haben Elternzeiten und Teilzeitarbeit auf die Stundenlöhne von Vätern? in der Kölner Zeitschrift für Soziologie und Sozialpsychologie, Jg. 68, Heft 4, S. 597–618.

10 Graml, Regine (2017): Arbeit und Familie – Lebensmuster von Führungskräften. Frankfurt University of Applied Sciences.

11 Bünning, Mareike (2016): Die Vereinbarkeitsfrage für Männer: Welche Auswirkungen haben Elternzeiten und Teilzeitarbeit auf die Stundenlöhne von Vätern? in der Kölner Zeitschrift für Soziologie und Sozialpsychologie, Jg. 68, Heft 4, S. 597–618.

12 Institut für Demoskopie Allensbach (2014): Weichenstellungen für die Aufgabenteilung in Familie und Beruf. Untersuchungsbericht zu einer repräsentativen Befragung von Elternpaaren.

Studie im Auftrag des Bundesministeriums für Familie, Senioren, Frauen und Jugend.

13 Siehe z. B.: Vogt, Ann-Cathrin (2010): Warum Väter ihre Erwerbstätigkeit (nicht) unterbrechen. Ökonomische versus sozialpsychologische Determinanten der Inanspruchnahme von Elternzeit durch Väter.

14 Bittmann, Viktoria (2014): Interview mit Laurence Parisot, »Ich wollte schon als Mädchen lieber Erste sein«, in: politik&kommunikation Nr. 107/2014.

15 Europäische Kommission (2017): Vorschlag für eine Richtlinie des Europäischen Parlaments und des Rates zur Vereinbarkeit von Beruf und Privatleben für Eltern und pflegende Angehörige und zur Aufhebung der Richtlinie 2010/18/EU des Rates.

16 Forsa (2018): Forsa-Umfrage im Auftrag des Rechtsportals Anwaltauskunft.de.

17 Roggenkamp, Viola (1984): Wo bleiben die Männer? In: DIE ZEIT Nr. 30/1984.

18 Bundesministerium für Familie, Senioren, Frauen und Jugend (2016): Bilanz 10 Jahre Elterngeld.

19 Zahlen für das zweite Quartal 2017 gemäß der Bundestags-Drucksache 19/400 (2018): Unterrichtung durch die Bundesregierung, Bericht über die Auswirkungen der Regelungen zum Elterngeld Plus und zum Partnerschaftsbonus sowie zur Elternzeit.

20 Leinemann, Susanne (2018): Fünf Monate Warten auf Elterngeld, in: Berliner Morgenpost, https://www.morgenpost.de/incoming/article213946091/Fuenf-Monate-Warten-auf-Elterngeld.html.

21 Pfahl, Svenja; Reuyß, Stefan (2015): Väter in Elternzeit: Ein Modell für die Arbeitswelt? In: Gute Arbeit, 7/2015, S. 13.

22 Bünning, Mareike (2015): What Happens after the ›Daddy Months‹? Fathers' Involvement in Paid Work, Childcare, and Housework after Taking Parental Leave in Germany. European Sociological Review, Volume 31, Issue 6, 1 December 2015, Pages 738–748.

23 Schober, Pia (2014): Parental Leave and Domestic Work of Mothers and Fathers: A Longitudinal Study of Two Reforms in West Germany. Journal of Social Policy, 43(2), 351–372.

24 Li, Xuan; Zerle-Elsäßer, Claudia; Entleitner-Phleps, Christine; Schier, Michaela (2015): Väter 2015: Wie aktiv sind sie, wie geht es ihnen und was brauchen sie? Eine aktuelle Studie des Deutschen Jugendinstituts.

25 Cabrera, Natasha J.; Shannon, Jacqueline D.; Tamis-LeMonda, Catherine S. (2013): Fathers' Influence on Their Children's Cognitive and Emotional Development: From Toddlers to Pre-K, in: Applied Development Science Vol. 11, No. 4, S. 208–213.

26 Röhr-Sendlmeier, Una M.; Bergold, Sebastian (2012): Die Rolle des Vaters bei berufstätiger Mutter – Aufgabenbeteiligung, Lebenszufriedenheit und Schulleistung der Kinder, in: Zeitschrift für Familienforschung – Journal of Family Research, S. 3–26.

27 Ziegler, Yvonne; Graml, Regine; Weissenrieder, Caprice Oona (2015): Karriereperspektiven berufstätiger Mütter. 1. Frankfurter Karrierestudie, Göttingen: Cuvillier.

28 RWI – Leibniz-Institut für Wirtschaftsforschung (2016): Nachfolgestudie zur Analyse der geringfügigen Beschäftigungsverhältnisse (Minijobs) sowie den Auswirkungen des gesetzlichen Mindestlohns, Endbericht, Gutachten im Auftrag des Ministeriums für Arbeit, Integration und Soziales des Landes Nordrhein-Westfalen.

29 Antwort der Parlamentarischen Staatssekretärin Gabriele Lösekrug-Möller vom 19. September 2017 auf die Anfrage der Abgeordneten Brigitte Pothmer, Bundestags-Drucksache 18/13656.

30 Wippermann, Carsten (2012): Frauen im Minijob, Motive und (Fehl-)Anreize für die Aufnahme geringfügiger Beschäftigung im Lebenslauf, hrsg. vom Bundesministerium für Familie, Senioren, Frauen und Jugend.

31 Sick, Helma; Schmidt, Renate (2015): Ein Mann ist keine Altersvorsorge: Warum finanzielle Unabhängigkeit für Frauen so wichtig ist.

1 Siehe Kapitel ›Politik, der Kinder mehr bedeuten als Schweine‹.

2 Kirchhof, Gregor (2014): Der besondere Schutz der Familie im Steuerstaat. Leistungsgerechtigkeit – Lenkungssteuern – Sozialversicherungen, in: Häberle, Lothar; Hattler, Johannes (Hrsg.): Ehe und Familie – Säulen des Gemeinwohls, S. 71–76.

3 Bundesministerium der Finanzen (2017): Merkblatt zur Steuerklassenwahl für das Jahr 2018 bei Ehegatten oder Lebenspartnern, die beide Arbeitnehmer sind.

4 Geyer, Johannes; Wrohlich, Katharina (2013): Geschlechtsspezifische Wirkungen der Einkommensbesteuerung am Beispiel des Ehegattensplittings, in: Spangenberg, Ulrike; Wersig, Maria (Hrsg.): Geschlechterverhältnisse steuern, Perspektivenwechsel im Steuerrecht.

5 Berechnung aus Bundesministerium der Finanzen (2017): Datensammlung zur Steuerpolitik, Ausgabe 2016/2017, S. 43.

6 Menkens, Sabine (2017): Gleichberechtigung auch vor dem Fiskus, abgerufen unter: https://www.welt.de/print/die_welt/wirtschaft/article162956303/Gleichberechtigung-auch-vor-dem-Fiskus.html.

7 Bundesministerium der Finanzen (2017): Datensammlung zur Steuerpolitik, Ausgabe 2016/2017, S. 42.

8 Scherff, Dyrk (2017): Weg mit dem Ehegattensplitting! Abgerufen unter http://www.faz.net/aktuell/finanzen/meine-finanzen/steuern-sparen/ehegattensplitting-wird-zum-wahlkampfthema-15158998.html.

9 Bundesministerium der Finanzen (2017): Datensammlung zur Steuerpolitik, Ausgabe 2016/2017, S. 42.

10 Zu den Zahlen: Kapitel ›Politik, die zum echten Leben passt‹.

11 Funk, Mirna (2018): Gebt uns, was uns zusteht! Abgerufen unter https://www.zeit.de/freitext/2018/04/05/alleinerziehend-mutter-eltern-kind/.

12 Warneke, Matthias (2016): Wie berechtigt ist die Kritik am

Ehegattensplitting? Deutsches Steuerzahlerinstitut des Bundes der Steuerzahler, in: DSi kompakt Nr. 22.

13 Schröder, Christina (2017): Abschaffung des Ehegattensplittings wäre perfide, https://www.welt.de/debatte/kommentare/article171315882/Abschaffung-des-Ehegattensplittings-waere-perfide.html.

14 Es handle sich um ein ehe- und familiengerechtes Einkommensteuerrecht und stelle eine an der wirtschaftlichen Leistungsfähigkeit der Ehepaare orientierte sachgerechte Besteuerung dar, so z. B. Wissing, Volker (2007): Das Ehegattensplitting als leistungsgerechte Form der Besteuerung der Familie, in: Humboldt Forum Recht, 9/2007, S. 103 ff.

15 Beblo, Miriam; Beninger, Denis (2013): Wie teilen Paare wirklich? Ergebnisse einer experimentellen Studie zu Geldaufteilung und Geldverwendung. In: Spangenberg, Ulrike; Wersig, Maria (Hrsg.): Geschlechtergerechtigkeit steuern. Perspektivenwechsel im Steuerrecht.

16 Wrohlich, Katharina; Geyer, Johannes (2013): Geschlechtsspezifische Wirkungen der Einkommensbesteuerung am Beispiel des Ehegattensplittings, in: Spangenberg, Ulrike; Wersig, Maria (Hrsg.): Geschlechterverhältnisse steuern. Perspektivenwechsel im Steuerrecht, S. 83–94.

17 Prognos AG (2014): Endbericht Gesamtevaluation der ehe- und familienbezogenen Maßnahmen und Leistungen in Deutschland, Auftraggeber: Bundesministerium der Finanzen und Bundesministerium für Familie, Senioren, Frauen und Jugend.

18 Vgl. dazu Bick, Alexander; Fuchs-Schündeln, Nicola (2017): Taxation and Labor Supply of Married Couples across Countries: A Macroeconomic Analysis.

19 Rat der Europäischen Union (2017): Empfehlung des Rates vom 11. Juli 2017 zum nationalen Reformprogramm Deutschlands 2017 mit einer Stellungnahme des Rates zum Stabilitätsprogramm Deutschlands 2017.

20 Bonin, Holger; Schnabel, Reinhold; Stichnoth, Holger (2014): Zur Effizienz der ehe- und familienbezogenen Leistungen in

Deutschland im Hinblick auf soziale Sicherungs- und Beschäftigungsziele, in: Vierteljahrshefte zur Wirtschaftsforschung, DIW Berlin.

21 Ein Steuersystem sollte das Verhalten der Besteuerten möglichst wenig verzerren, vgl. Becker, Johannes; Englisch, Joachim (2016), Reformbedarf und Reformoptionen beim Ehegattensplitting, in: DStR 2016, Heft 18, S. 1005–1008.

22 Entscheidungen des Bundesverfassungsgerichts 61, 319 (347) – Ehegattensplitting.

23 Bach, Stefan; Fischer, Björn; Haan, Peter; Wrohlich, Katharina (2017): Ehegattenbesteuerung: Individualbesteuerung mit übertragbarem Grundfreibetrag schafft fiskalische Spielräume. DIW Wochenbericht Nr. 13, S. 247–256.

24 Allensbacher Archiv, IfD-Umfrage 11058.

25 Deutscher Bundestag, Wissenschaftliche Dienste (2018): Ausarbeitung Familiensplitting.

26 Ochmann, Richard; Wrohlich, Katharina (2013): Familiensplitting der CDU/CSU: Hohe Kosten bei geringer Entlastung für einkommensschwache Familien, DIW Wochenbericht Nr. 36.

27 Vgl. auch Einschätzung der Gesamtevaluation der ehe- und familienpolitischen Leistungen: Prognos AG (2014): Endbericht Gesamtevaluation der ehe- und familienbezogenen Maßnahmen und Leistungen in Deutschland, Auftraggeber: Bundesministerium der Finanzen und Bundesministerium für Familie, Senioren, Frauen und Jugend.

28 Hülskamp, Nicola; Seyda, Susanne (2004): Staatliche Familienpolitik in der sozialen Marktwirtschaft – Ökonomische Analyse und Bewertung familienpolitischer Maßnahmen, S. 49 f.

POLITIK, DIE IHRE (BETREUUNGS-)VERSPRECHEN HÄLT

1 Statistisches Bundesamt (2018): Pressemitteilung Nr. 406. 33,6 % der unter 3-Jährigen am 1. März 2018 in Kindertagesbetreuung.

2 Geis-Thöne, Wido (2018): IW-Kurzbericht 68/2018, Kinderbetreuung – Betreuungslücke sinkt leider auf 273 000 Plätze.

3 Leinemann, Susanne (2018): Die Not ist groß: 3000 Kita-Plätze
fehlen in Berlin, https://www.morgenpost.de/berlin/article
214349665/Die-Not-ist-gross-3000-Kita-Plaetze-fehlen-in-
Berlin.html.

4 Lux, Linda; Diabaté, Sabine (2016): Nur der erste Schritt … Wie
Akzeptanz und Nachfrage die Kinderbetreuungsinfrastruktur
beeinflussen, in: Neue Zeitschrift für Familienrecht, S. 215 ff.

5 Meiner-Teubner, Christiane (2016): Unerfüllte Betreuungswünsche trotz Rechtsanspruch? Eine empirische Analyse. In:
DjbZ 4/2016. S. 161–166.

6 Bundesministerium für Familie, Senioren, Frauen und Jugend
(2017): Kindertagesbetreuung Kompakt. Ausbaustand und
Bedarf 2016.

7 Asmus, Antje (2016): Zwischenbericht des Verbandes alleinerziehender Mütter und Väter, Bundesverband e. V. (VAMV)
für die Evaluation des Modellprojektes zur Wirksamkeit von
ergänzender Kinderbetreuung, Notfallbetreuung und Beratung von Einelternfamilien in Deutschland.

8 Bundesministerium für Familie, Senioren, Frauen und Jugend
(2015): Im Blickpunkt: Alleinerziehende wirksam unterstützen.

9 Bundesministerium für Familie, Senioren, Frauen und Jugend
(2017): Männer-Perspektiven – Auf dem Weg zu mehr Gleichstellung?

10 Klinkhammer, Nicole (2008): Flexible und erweiterte Kinderbetreuung. Entwicklungstrends – Ansätze – Kontroversen.
Broschüre des Deutschen Jugendinstituts.

11 Busse, Anna; Gathmann, Christina (2018): Free Daycare and its
Effects on Children and their Families IZA Discussion Paper
No. 11269.

12 Schmitz, Sophia; Spieß, C. Katharina; Stahl, Juliane F. (2017):
Kindertageseinrichtungen: Ausgaben der Familien sind von
1996 bis 2015 mitunter deutlich gestiegen, in: DIW Wochenbericht 41/2017, S. 889–903.

13 Bertelsmann Stiftung (2016): Kita-Qualität in Deutschland – Was wünschen sich Eltern? Ergebnisse einer bundesweiten Elternbefragung.

14 Viernickel, Susanne; Voss Anja (2013): STEGE – Strukturqualität und Erzieherinnen_gesundheit in Kindertageseinrichtungen. Wissenschaftlicher Abschlussbericht. Alice Salomon Hochschule Berlin.

15 Bock-Famulla, Kathrin; Strunz, Eva; Löhle, Anna (2017): Länderreport Frühkindliche Bildungssysteme 2017. Transparenz schaffen – Governance stärken. Bertelsmann Stiftung.

16 Vieth-Entus, Susanne (2017): Pädagogen-Mangel in Berlin. Scheeres senkt Anforderungen an Kita-Personal, https://www.tagesspiegel.de/berlin/schule/paedagogen-mangel-in-berlin-scheeres-senkt-anforderungen-an-kita-personal/19711414.html.

17 OVG Berlin-Brandenburg, 22.3.2018 – 6 S 2.18.

18 Rauschenbach, Thomas; Schilling, Matthias; Meiner-Teubner, Christiane (2017): Plätze. Personal. Finanzen – der Kita-Ausbau geht weiter. Zukunftsszenarien zur Kindertages- und Grundschulbetreuung in Deutschland.

19 Arp, Susmita; Olbrisch, Miriam (2017): Nur ein Lächeln als Lohn, in: Der Spiegel. 47/2017. S. 54 f.

20 Bertelsmann Stiftung (2018): Elternzoom 2018. Schwerpunkt: Elternbeteiligung an der Kita-Finanzierung.

21 https://www.rbb24.de/politik/beitrag/2018/02/berlin-mehr-kita-plaetze-erziehermangel-ausbildung-abbruch.html

22 Ifo Institut; Ruhr-Universität Bochum (2011): Kinderbetreuung. Ifo-Forschungsbericht im Auftrag der Geschäftsstelle Gesamtevaluation der ehe- und familienbezogenen Leistungen in Deutschland.

23 Cunha, Flavio; Heckman, James J. (2007): The Economics of Human Development. The Technology of Skill Formation; American Economic Review, 97 (2007) 2, S. 31–47.

24 Heckman, James J. (2006): Skill formation and the economics of investing in disadvantaged children; Science (312); S. 1900–1902.

25 Chetty, Raj; Friedman, John N.; Hilger, Nathaniel; Saez, Emmanuel; Whitmore Schanzenbach, Diane; Yagan, Danny (2011): How Does Your Kindergarten Classroom Affect Your Earnings? Evidence from Project Star, in: The Quarterly Journal of Economics, Vol. 126, S. 1593–1660.

26 Spieß, C. Katharina (2010): Sieben Ansatzpunkte für ein effektiveres und effizienteres System der frühkindlichen Bildung in Deutschland, in: Thomas Apolte, Thomas; Vollmer, Uwe; Bildungsökonomik und Soziale Marktwirtschaft; S. 3–18.

AUF IN DIE TROTZPHASE

1 Gaschler, Katja (2014): Machen Kinder glücklich? In: »Gehirn und Geist« 3/2014.

2 Thüsing, Gregor (2014): Vereinbarkeit von Familie und Beruf als Herausforderung des Arbeitsrechts, in: Häberle, Lothar; Hattler, Johannes (Hrsg.): Ehe und Familie – Säulen des Gemeinwohls, S. 57–70.

3 Vgl. den Vorschlag im Zweiten Gleichstellungsbericht der Bundesregierng (2017).

4 Statistisches Bundesamt (2015): Bevölkerung Deutschlands bis 2060. 13. koordinierte Bevölkerungsvorausberechnung.

5 Prognos AG (2016): Familienarbeitszeit und Fachkräftesicherung.

6 BMFSFJ (2010): Familienfreundlichkeit – Erfolgsfaktor für Arbeitgeberattraktivität, Kurzfassung, S. 6.